HANSER

DIE VILLA AM HERZOG-PARK

ANNE DREESBACH

HANSER

Impressum

Umschlag: Anne Dreesbach, München
Lektorat: Hanna Hesse, Carl Hanser Verlag
Korrektorat: Ulrike Ebenritter, Gießen
Gestaltung und Satz: Anne Dreesbach, München, unter Verwendung der Schriften Le Monde Livre und Bernhard Gothic. Letztere entwarf Lucian Bernhard, der für die ursprüngliche Ausstattung der Villa verantwortlich zeichnete.
Druck und Bindung: Lösch GmbH & Co. KG, Waiblingen
Printed in Germany
ISBN: 978-3-446-27318-4

INHALT

VORWORT

Die Biografie eines Hauses zu schreiben ist vielleicht ein etwas seltsames Unterfangen. Die Silbe „bio" sagt es schon: Es geht um Lebendiges – eine Biografie ist die Lebensbeschreibung einer Person. Und doch: Als ich im Frühjahr 2021 das erste Mal die gerade mitten in ihrer Renovierung begriffene Villa in der Vilshofener Straße 8 betrat, flüsterte, nein rief das ganze Haus, man solle ihm zuhören, man solle den Geschichten lauschen, die sich in den 100 Jahren seit seiner Erbauung 1922 dort zugetragen haben. Denn ja, ein Haus mag ein lebloses Objekt sein, aber die Menschen, die darin wohnen, hauchen ihm Leben ein. Besonders faszinierte mich ein Loch in der Decke, durch das man verschiedene Farbschichten erkennen konnte, die im Laufe der Zeit aufgetragen worden waren. Wer waren die Menschen, die für die verschiedenen Farben verantwortlich zeichneten? Und so fing ich an, mich mit der Geschichte der Menschen in ebendiesem Haus zu beschäftigen. Sie beginnt mit dem Erbauer der Villa, dem Bankier und Bibliophilen Otto Deutsch-Zeltmann, und seiner Frau Emma, geht weiter mit der Kunsthändlerfamilie Bernheimer, die das Haus, schäbigsten Repressalien ausgesetzt, an die Nazis verkaufen musste, und endete vorerst mit dem Verleger Franz Ehrenwirth, der beinahe wie ein Gott in der Villa thronte und von hier aus fast vier Jahrzehnte lang die Münchner Verlagswelt prägte.

Die Besitzer der Villa waren keine Berühmtheiten, und von niemandem wurden Fotos, Briefe oder gar Tagebücher aufbewahrt. Werk und Leben dieser Menschen wurden von ihren Nachfahren, wie das nun einmal in den allermeisten Fällen so ist, für nicht wichtig genug befunden, als dass man persönliche Gegenstände aufgehoben hätte, um sie der Öffentlichkeit zu übergeben. So war ich auf die Überlieferung in staatlichen Archiven und auf Fachliteratur angewiesen, um die Geschichte dieser Menschen zu erzählen. Charakter und Persönlichkeit der Villenbesitzer lassen sich so jedoch nur anreißen; auch wenn ich dann doch Glück hatte und es zwei Ausnahmen gab: Fotoalben aus der Familie von Otto Deutsch-Zeltmann sowie die Erinnerungen von Martin Ehrenwirth an seinen Vater, den Verleger Franz Ehrenwirth, die er mit mir in einem Gespräch teilte – sodass die Porträts von Otto Deutsch-Zeltmann und Franz Ehrenwirth Farbe und Glanz erhielten.

Auch wenn die Biografien der Bewohner der Vilshofener Straße 8 trotz dieser wunderbaren Funde nicht so detailreich nachgezeichnet werden können wie die historischer Berühmtheiten, vermögen sie dennoch zu fesseln. Akribische Recherche und historisches

Handwerk förderten Details zutage, die, vom Leser bedächtig fantasievoll ergänzt, ein Ganzes ergeben und von Erfolgen und Misserfolgen, von Liebe und Trennungen, von schreiender Ungerechtigkeit, aber auch von Visionen erzählen; vor dem Hintergrund von 100 Jahren Geschichte, die unter anderem die Goldenen Zwanziger Jahre, den Zweiten Weltkrieg, Wiederaufbau und Wirtschaftswunder, die Teilung Deutschlands und die Wiedervereinigung umfassen. Die Villa erlebte all das, mal ochsenblutrot gestrichen, mal gelb, stets fest verwurzelt und mit ihren kupferhaubengeschmückten Türmchen zu der Stadt passend, in der sie steht, München.

Mein herzlichster Dank gilt: Angela von Gans für ein langes Telefonat über ihre Familie und die Vermittlung des Kontaktes zu ihrer Nichte Carina Buchner; Carina Buchner für die vielen Fotos von Otto und Emma Deutsch-Zeltmann, deren Tochter Melitta und der Villa, und außerdem für die sehr herzliche Aufnahme in Wien; Martin Ehrenwirth für die Einsichtnahme in die Gästebücher des Ehrenwirth Verlags und das liebenswerte Teilen von Erinnerungen an seinen Vater; Konrad Bernheimer für ein freundliches Telefonat über seinen Vater und seinen Großvater; außerdem meinen Mitstreitern bei der historischen Recherche, Adrian Hofmann und vor allem Simon Schneider, der sich insbesondere um die detaillierte Aufarbeitung der „Arisierung" der Villa verdient gemacht hat. Und ich danke Klaus Laminet, in dessen Besitz sich die Villa heute befindet und der diese Geschichte in Auftrag gegeben hat; er hätte einer Villa, die sich fast ausschließlich in den Händen von passionierten Bücherfreunden befand, kein passenderes Denkmal setzen können.

Anne Dreesbach
München, im November 2022

Kapitel

I

Bogenhausen und der Herzogpark

Bogenhausen im Dornröschenschlaf

Die Villa in der Vilshofener Straße befindet sich im Münchner Stadtteil Bogenhausen. Das ehemalige Bauerndorf wurde erst 1892 ein Teil von München, entwickelte sich aber von da an zu einer der beliebtesten Wohngegenden der Stadt. Die Jahrhunderte zwischen seiner ersten Erwähnung zur Zeit Herzog Tassilos im 8. Jahrhundert und seiner Eingemeindung jedoch verbrachte Bogenhausen in einer Art Dornröschenschlaf und nur die Errichtung zweier adeliger Sommerresidenzen vermochte diesen kurzzeitig zu stören.

Die Lösslehmzunge zwischen Ismaning und Obergiesing war sogar schon vor ihrer ersten Erwähnung besiedelt, was Funde aus der Jungsteinzeit (etwa 4500 bis 1800 v. Chr.) beweisen. Um Christi Geburt durchzog eine römische Militär- und Fernhandelsstraße das Gebiet, welche Augsburg, Lorch, Wels und Wien verband. In den nächsten Jahrhunderten entstanden an der befahrenen Straße Höfe und Ansiedlungen: 1928/29 wurde in Denning beim Platz der Deutschen Einheit ein stattlicher Gutshof mit Bad entdeckt, der wohl zwischen dem 1. und dem 4. Jahrhundert n. Chr. gebaut worden war, die sogenannte Villa Rustica. Und mittels Luftbildarchäologie konnte man 1983 ein großes bajuwarisches Dorf östlich der Bahntrasse an der Stegmühlstraße nachweisen. Im Mittelalter wurde auf diesem Weg das überaus wertvolle Salz aus dem Berchtesgadener Land und aus Salzburg nach Augsburg transportiert.

Pupinhusir – so hieß Bogenhausen, als es das erste Mal erwähnt wurde, und zwar in der „Vita Corbiniani", verfasst um 770, was so viel bedeutet wie Haus oder Häuser des Pupin. Pupin war das Familienoberhaupt des altbayerischen Geschlechts der Huosi, einer begüterten Adelsfamilie, die hier lebte. Während des 12. Jahrhunderts verwandelte sich der Begriff in „Pugenhusen", im Verlauf des 16. Jahrhunderts zu „Pogenhausen" und dann schließlich zu „Bogenhausen".

Auch Atto und sein Sohn Ammo entstammten dem Geschlecht der Huosi, und sie waren es, die ihren Besitz in Bogenhausen dem noch jungen Kloster Schäftlarn (gegründet 760 bis 764) stifteten. Während langer Perioden im frühen Mittelalter gehörte Bogenhausen also den Freisinger Bischöfen, denen nämlich wiederum das Kloster Schäftlarn unterstand. Doch in den Auseinandersetzungen zwischen den Freisinger Bischöfen und den bayerischen Herzögen um Macht und Geld, um den Salzhandel und den Brückenzoll im Münchner Raum wechselte Bogenhausen öfters den Besitzstand: Herzöge wie Bischöfe wollten die Brücke bei St. Emmeram, über die der Salzhandel führte, und die damit verbundenen Einnahmen in ihrem Besitz sehen. Ob Heinrich der Löwe diesen Streit tatsächlich für sich entschied, indem er dazu anstiftete, die Brücke anzuzünden, damit der Salzhandel über die in seinem Herrschaftsgebiet gelegene Brücke ausweichen musste, ist heute von Historikern umstritten. 1319 jedenfalls kommt es zur Klärung der Verhältnisse, da Herzog Ludwig IV., der spätere Kaiser Ludwig der Bayer, Ismaning an Bischof Konrad III., genannt der Sendlinger, verkaufte. Bogenhausen wird, nun zum Hochstift Freising gehörend, Grenzort des Herzogtums Bayern und bleibt dies bis zur Säkularisation 1802/03.

Die Sommerresidenzen Steppberg und Neuberghausen

Im Zeitalter des Absolutismus gewann der Adel seine gesellschaftliche Bedeutung immer mehr dadurch, dass Mitglieder der jeweiligen Familien eine bedeutsame Stellung bei Hofe einnahmen oder eine Offizierslaufbahn im stehenden Heer einschlugen. Auch bürgerliche Familien stiegen nach und nach in diesen „Beamten- und Offiziersadel" auf. Daher drängten die Adelsfamilien in die Haupt- und Residenzstädte, um dem Hofe nahe zu sein, sei es in Paris, London oder eben auch in München. Während des 17. und 18. Jahrhunderts entstanden im Zuge dieser Entwicklung die einzigen zwei Steinbauten abgesehen von der Kirche St. Georg in Bogenhausen: die Adelssitze Schloss Steppberg auf Höhe des heutigen Herkomerplatzes und Neuberghausen auf dem Gebiet des heutigen Bogenhauser Kirchplatzes.

Der Finanzbeamte Gregor von Lachenmayr kaufte 1740 das Anwesen Neuberghausen und ließ es kurz darauf zu einem Schlösschen umbauen. Schon 1751 verkaufte er das Anwesen jedoch wieder an Hieronymus von Spreti, der es mit seiner 14-köpfigen Familie bewohnte. Doch auch er gab den Besitz bald wieder auf und verkaufte ihn an Graf Törring-Jettenbach, der das Anwesen durch den Baumeister Ignaz Anton Gunetzrhainer und unter Mitwirkung von François de Cuvilliés dem Älteren zu einem Herrensitz im Rokokostil umbauen ließ. Unter Törring, der auch die Pfarrkirche St. Georg, die zentrale Kirche in Bogenhausen, vergrößern und erneuern ließ – unter anderem von Künstlern wie Johann Michael Fischer und Ignaz Günther –, erlebte Bogenhausen eine erste Blütezeit. Sein Sohn Joseph August Törring verkaufte den Edelsitz im November 1808 an Johann Wilhelm Freiherr von Hompesch, was dem Anwesen den Spitznamen „Hompeschschlössl" einbrachte. 1827 erwarb die Witwe Lindner, die bis dahin die Gaststätte im Tivoli im Lehel östlich des Englischen Gartens betrieben hatte, das Schlössl und machte es zusammen mit ihrem zweiten Ehemann Vitus Buchmayer zu einem der beliebtesten Ausflugs- und Vergnügungslokale des biedermeierlichen Münchens.

1862 wurde das Schlössl abgerissen, weil König Maximilian II. hier eine „Versorgungsanstalt für Beamtentöchter" errichten lassen wollte. In den Jahren von 1863 bis 1865 wurde das sogenannte „Marienstift" erbaut, eine Einrichtung für verwaiste oder unverheiratet gebliebene Frauen aus dem mittleren Beamtenstand – die bereits 1851 von Königin Marie, die Frau von König Maximilian II., als „Marienstift für verwaiste Töchter

Die Georgskirche und Schloss Neuberghausen auf einem Aquarell von Anton Höchl aus dem Jahr 1825.

von Staatsdienern aller Klassen“ als Institution gestiftet worden war. Die Stiftung war allerdings nur für 15 Personen gedacht gewesen, und nun zeigte sich, dass deutlich mehr Frauen untergebracht werden mussten. Das neue Gebäude wurde von Eduard von Riedel, der auch das Nationalmuseum (heute Museum Fünf Kontinente) entworfen hatte, gestaltet und umfasste verschiedene Säle sowie 100 Zimmer für die sogenannten „Beamtentöchter“. Denn die Pensionsansprüche der betreffenden Frauen waren zu gering, um damit ihren Lebensunterhalt zu bestreiten, und ihr gesellschaftlicher Status ließ es nicht zu, ihr eigenes Geld zu verdienen. Die so gegründete „Beamtenreliktenanstalt“ wurde im Volksmund scherzhaft auch als „Drachenburg“ bezeichnet – frauenfeindlicher Humor des 19. Jahrhunderts. Die Einrichtung wurde allerdings erst ab 1871 ihrem Zweck gemäß genutzt, da zuvor ein Militärspital für verletzte Soldaten aus dem deutsch-deutschen und dem deutsch-französischen Krieg in den Räumlichkeiten untergebracht waren. Im Zweiten Weltkrieg wurde das Gebäude völlig zerstört und die verbliebenen Bewohnerinnen fanden 1957 Unterkunft im „Damenstift am Luitpoldpark“ in Schwabing.

Der andere Adelssitz in Bogenhausen, Schloss Steppberg, geht auf den sogenannten Zaichingerhof zurück, den die Münchner Bürgersfamilie Schobinger 1630 kaufte. Sie ließ auf dem Anwesen ein gemauertes Haus erbauen und einen Garten anlegen. 1640 wurde das zu einem Schlösschen erweiterte Haus zum „Edelsitz“, dem Wohnsitz eines Adligen von niederem Adelsrang, erhoben und von nun an Schloss Steppberg genannt. 1802/03 kaufte der bayerische Staatsminister Freiherr Maximilian von Montgelas den Herrensitz, den er als Sommerresidenz nutzte. Unter seiner Ägide wurde in Bogenhausen Geschichte geschrieben: 1805 kam hier der „Bogenhauser Geheimvertrag“ zustande, der die Allianz zwischen Bayern und Frankreich gegen Österreich und Russland begründete; mit 30 000 Soldaten erkaufte sich Bayern teuer die Königswürde nach dem Sieg Napoleons bei Austerlitz.

Die „Loambarone“

Ab Mitte des 19. Jahrhunderts war an Dornröschenschlaf nicht mehr zu denken. Nachdem unter Montgelas 1804 die erste Bogenhauser Brücke, etwa auf Höhe der heutigen Max-Joseph-Brücke, errichtet worden war, konnten die Münchner die Bad- und Heilanstalt Brunnthal oder die anmutig gelegenen Ausflugslokale rechts der Isar besuchen.

Und München wuchs. 1852 überschritt die Einwohnerzahl der Stadt die Grenze von 100 000 und wurde zur Großstadt. 1883 hatte München bereits 250 000 Einwohner, und bis 1901 verdoppelte sich diese Zahl auf 500 000, womit München nach Berlin und Hamburg die drittgrößte Stadt im Deutschen Reich war. Was die wachsende Stadt brauchte, wa-

1 ◊ Das Aquarell von Carl Friedrich Heinzmann zeigt München um 1835 von der Bogenhauser Höhe aus.

2 ◊ Das Hompeschschlössl war eines der beliebtesten Ausflugs- und Vergnügungslokale des biedermeierlichen München. Hier eine Abbildung von Carl August Lebschée aus dem Jahr 1818.

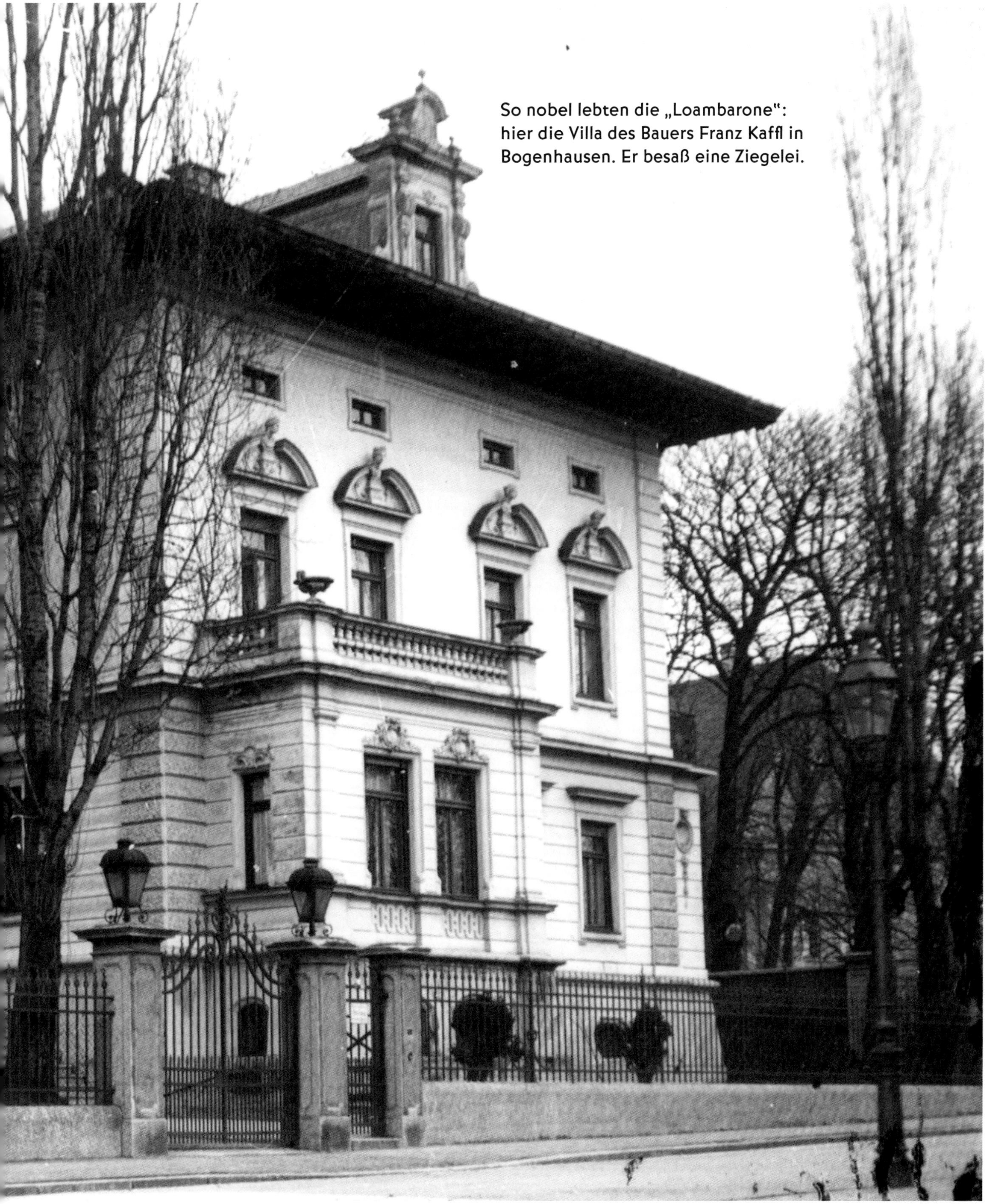

So nobel lebten die „Loambarone“: hier die Villa des Bauers Franz Kaffl in Bogenhausen. Er besaß eine Ziegelei.

ren Ziegel, denn München ist eine Stadt, die vor allen Dingen aus Ziegelsteinen errichtet wurde. Man denke nur an die Frauenkirche, die Augustinerbrauerei an der Landsberger Straße oder an das Sendlinger Tor: Das Rot der Ziegel ist die vorherrschende Farbe in München. Und die Ziegel kamen unter anderem aus Bogenhausen.

Um über Material für die notwendigen Bauunternehmungen verfügen zu können, wurde die Lösslehmzunge, die sich auf dem rechten Isarhochufer von Giesing bis nach Ismaning erstreckt, industriell ausgebeutet. In zahlreichen Ziegeleien wurden Ziegelsteine, Dachziegel und Pflastersteine gebrannt und die Landwirtschaft wurde zurückgedrängt. Statt Feldwegen, Wiesen und Äckern gab es nun Lehmgruben, Ziegel- und Trockenstädel und Brennöfen mit hohen Schloten, die weithin sichtbar waren. Später kamen Kiesgruben, Quetschwerke und Dammwege dazu. Die Nachfrage nach den Ziegeln war so hoch, dass italienische Saisonarbeiter angeworben wurden, die die schwere Arbeit schlecht bezahlt verrichten mussten. Diejenigen, denen der Grund gehörte und die durch den Abbau des Lehms reich wurden, wurden „Loambarone" genannt.

Der Herzogpark

Montgelas hatte nicht nur Schloss Steppberg gekauft, ihm gehörten auch weitläufige Liegenschaften, die durch die Isarregulierung zu Beginn des 19. Jahrhunderts noch vergrößert wurden. Hier entstand der Montgelas-Park, der Vorläufer des Herzogparks. Montgelas beauftragte den Hofgartenintendanten Friedrich Ludwig von Sckell mit der Errichtung einer Gartenanlage. Durch Auslandsaufenthalte in den 1770er Jahren in England und Frankreich hatte von Sckell von den besten Gartenbaukünstlern lernen können und schuf in den Jahren 1805 bis 1814 einen wunderschönen Landschaftsgarten. Ein Überbleibsel dieses legendären Montgelas-Parks ist der heutige Garten des Bundesfinanzhofs. Der Park und alle weiteren Besitztümer wurden nach Montgelas' Tod von dessen Sohn im Jahr 1838 an Herzog Maximilian in Bayern verkauft.

Der Familie des Herzogs diente das Areal als Ausflugsziel, ihre Hauptwohnsitze waren in Possenhofen und am Tegernsee. Max und seine Frau Ludovika führten zwar keine glückliche Ehe – während der Hochzeitsfeier soll Ludovika beim Werfen des Brautstraußes einen Fluch ausgesprochen haben: „Dieser Ehe und allem, was daraus hervorgeht, soll der Segen Gottes fehlen bis ans Ende." Nichtsdestotrotz hatten die Eheleute zehn Kinder, darunter „Sissi", die spätere Kaiserin von Österreich und Ungarn. Die Kinder fanden im Herzogpark viel Platz, um sich auszutoben. Außerdem ließ Herzog Max hier sowohl landwirtschaftliche Produkte als auch Blumen für ausschließlich repräsentative Zwecke anbauen. Sonntags wurden die Tore der Anlage für alle geöffnet, und das Münchner Bürger-

Herzog Maximilian in Bayern kaufte den Herzogpark 1838. Max und seine Frau Ludovika führten zwar keine glückliche Ehe, aber sie hatten zehn Kinder, die im Herzogpark viel Platz fanden, um sich auszutoben. Das bekannteste dieser zehn Kinder war die österreichische Kaiserin „Sisi".

„Die Geschwister der Kaiserin Elisabeth von Österreich" von Joseph Stieler. König Ludwig I. gab dieses Gemälde der Geschwister von Sisi anlässlich ihrer Hochzeit mit Kaiser Franz Joseph in Auftrag.

tum nahm den Park sehr gerne als Ausflugsziel an. Nach dem Tod von Max und Ludovika fielen die Besitzungen an ihren Sohn Carl Theodor, der allerdings alles verkaufte, um eine stattliche Mitgift für die Hochzeit seiner Tochter Marie Gabriele mit dem Erbprinzen Rupprecht von Bayern zur Verfügung zu haben.

So ging der Herzogpark 1900 für 4 Millionen Mark in den Besitz der Terrain-Aktiengesellschaft Bogenhausen-Gern über. Es handelte sich um einen sehr reizvollen Landstrich mit einer Fläche von 1,3 Millionen Quadratmetern, der teils zu München, teils zu der damals noch eigenständigen Gemeinde Oberföhring gehörte. Er erstreckte sich von der Max-Joseph-Brücke bis nach Oberföhring und wurde durch die Isar und den Isarhang begrenzt. Die Terrain-Aktiengesellschaft war gerade erst gegründet worden, mit dem Ziel, erworbene Grundstücke zu bebauen und profitabel weiterzuverkaufen. Solche Gesellschaften schossen zu dieser Zeit in allen deutschen Städten wie Pilze aus dem Boden.

Für die Planung der Bebauung des Herzogparks engagierte man Martin Dülfer. Der in Breslau geborene Dülfer war um die Jahrhundertwende ein angesagter Architekt in München, der zu den Wegbereitern des Münchner Jugendstils zählte. 1904 etwa gestaltete er für die Weltausstellung in St. Louis einen Repräsentationsraum für das bayerische Kunstgewerbe, der nach der Beendigung der Ausstellung nach Deutschland transportiert wurde und heute der Regierung von Oberfranken in Bayreuth als Landratssaal dient. Ab 1906 war er Professor an der Königlich Sächsischen Technischen Hochschule in Dresden, deren Rektor er 1920 wurde.

Dülfers Vorhaben stieß bei der Lokalbaukommission nicht nur auf Begeisterung. Bemängelt wurde vor allem, dass viele freie Flächen am Flussufer verloren gehen würden. Nach erheblichem Hin und Her gab die Stadt drei Jahre später, also 1904, jedoch endlich grünes Licht für die Bebauung des südlichen Herzogparks. Von 1906 bis 1913 wurden 42 Mietshäuser, 38 Einfamilienhäuser und ein Geschäftshaus realisiert. Im Rahmen dieser Bautätigkeiten entstand 1906 die Vilshofener Straße, benannt nach dem gleichnamigen Städtchen in Niederbayern, wo die Vils in die Donau mündet. In den folgenden Jahren wurden auch Pläne zur Bebauung des nördlichen Herzogparks verfolgt, dabei war hier der größte Teil des Baugrunds in Oberföhring gelegen, das 1913 nach München eingemeindet wurde.

Die Nachbarschaft

Von Anfang an waren die Bewohner des Herzogparks ein illustrer Kreis: Bekannte Künstler und Intellektuelle ließen sich an diesem exklusiven Ort nieder und beauftragten ebenso bekannte Architekten damit, prachtvolle Villen für sie zu entwerfen.

1 ◊ Die Vilshofener Straße vor ihrer Bebauung.

2 ◊ Ursprünglich wollte die Terrain-Aktiengesellschaft im Ökonomiegebäude von Herzog Max zunächst nur eine provisorische Sommerwirtschaft einrichten; dann wurde aber doch eine Gaststätte daraus, die das ganze Jahr über besucht werden konnte und bald ein sehr beliebtes Ausflugslokal mit hübsch gelegenem Biergarten war.

Mit Kutschen und mit der Trambahn fuhr man zu den Richard-Wagner-Festspielen 1903 im Prinzregententheater in Bogenhausen. Das Theater war 1901 eröffnet worden.

Ein Geschäft in der Montgelasstraße 1905.

Franz Kathreiners Nachf.
ATLAS-SALATOELE
FRANZ KATHREINERS NACHFOLGER G.M.B.H. MÜNCHEN & HAMBURG
Globin Schuhputz
GLOBUS
Reinigt mit Scheuerin
Knorr Suppen-Würfel
3 Teller 10 Pfg.
Steckenpferd-Lilienmilch-Seife
für zarte weiße Haut
Dosana-Sprudel

1 ◊ Die Villa des Rentiers Karl Schneider im Stil eines italienischen Renaissancepalastes. Sie wurde 1902/03 von Architekt Max Littmann bzw. seinem Büro Heilmann & Littmann erbaut.

2 ◊ Zeitgleich entstand der „Lindenhof", Littmanns eigene pittoreske Villa, die nur wenige hundert Meter entfernt, in der Höchlstraße 4, lag.

Der Bildhauer Adolf von Hildebrand, der etwa den Wittelsbacher Brunnen in München geschaffen hat, erwarb 1896 ein Grundstück in der Maria-Theresia-Straße 23, um sich darauf eine Villa samt Atelier erbauen zu lassen, für die er die Pläne selbst entwarf und die unter der Leitung des Architekten Gabriel von Seidl errichtet wurde. Das Haus wurde zu einem beliebten Treffpunkt der Münchner Gesellschaft und er bewohnte es bis zu seinem Tod 1921. Seit 1977 ist hier die Monacensia untergebracht, das Literaturarchiv der Stadt München sowie eine Forschungsbibliothek zur Geschichte und zum kulturellen Leben Münchens.

Auch der berühmte Millionär Alfred Walter von Heymel lebte seit 1909 am Herzogpark in der Poschingerstraße 5. Der 1878 geborene Schriftsteller und Verleger Heymel hatte von seinen Adoptiveltern ein ansehnliches Vermögen geerbt, womit er Literaten und Künstler förderte. Gemeinsam mit seinem Cousin Rudolf Alexander Schröder gründete er 1899 die Monatszeitschrift „Die Insel", aus der 1901 der gleichnamige Verlag hervorging.

Der Architekt Carl Jäger entwarf nicht nur einige der Villen im Herzogpark, sondern lebte auch selbst fast sechzig Jahre dort. Unter anderem schuf Jäger die Villa des Bauunternehmers Roman Woerner, der von 1912 bis 1920 in der Mauerkircherstraße 48 lebte. Woerner wurde 1899 mit dem Wiederaufbau der durch ein Hochwasser zerstörten Prinzregentenbrücke (Luitpoldbrücke) beauftragt und zeichnete für den Bau der Reichenbachbrücke, der Corneliusbrücke und der Wittelsbacherbrücke verantwortlich.

Auch der Kunstmaler und Professor an der Akademie der Bildenden Künste Ludwig Ritter von Zumbusch zog 1910 in eine Villa an der Schönbergstraße 9, die er 1913 um eine Kegelbahn erweitern ließ. Er verdiente seinen Lebensunterhalt vor allem als Maler von Kinderporträts; wohlhabende Kundschaft aus ganz Deutschland ließ ihre Nachkommenschaft bei Zumbusch „sitzen". Ebenso lebte der Historiker Erich Marcks, der damals vor allem für seine Biografie über Otto von Bismarck bekannt war, von 1913 bis 1922 in der Villa an der Mauerkircherstraße 41. Nicht selten traf man in seinem Haus auf außergewöhnliche Gäste, die alle mit ihren Geschichten aus fremden Ländern faszinierten.

Zu den berühmtesten Anwohnern des Herzogparks zählt Thomas Mann, der zunächst mit seiner Familie zwei miteinander verbundene Wohnungen in der Mauerkircherstraße 13 mietete. Im Januar 1914 zog die Familie dann in das neu erbaute Haus in der Poschingerstraße 1. Die „Poschi", wie die Villa im Kreis der Familie genannt wurde, bildete für die nächsten Jahre den Schauplatz des Familienlebens. Thomas und Katia pflegten Kontakt zu vielen ihrer Nachbarn. Den Dirigenten Bruno Walter lernte Katia unerwartet über einen Telefonanruf kennen, bei dem er darum bat, sie solle einmal ein ernstes Wort mit ihrem Sohn Klaus sprechen, der seine Tochter Gretel auf dem Schulweg an den Haaren gezogen habe. Trotz dieses „Eklats" schlossen die beiden Ehepaare beinahe

Teil der Herzogparkbande: Die sechs Kinder von Katia (Mitte) und Thomas Mann. Von links nach rechts: Monika, Golo, Elisabeth, Klaus, Michael und Erika.

1

2

3

Nachbarn am Herzogpark:

1 ◊ Der Bildhauer Adolf von Hildebrand.

2 ◊ Der Bildhauer Caspar Ritter von Zumbusch.

3 ◊ Der Lyriker Alfred von Heymel.

4 ◊ Thomas, Erika, Katia und Klaus Mann.

5 ◊ Der Dirigent und Komponist Bruno Walter.

ebenso schnell Freundschaft wie ihre Kinder. Erika und Klaus Mann waren kaum von Gretel und Lotte Walter zu trennen.

Auch Richard Hallgarten, genannt „Ricki", war Teil der sogenannten Herzogparkbande, die fortan die Nachbarschaft in Atem hielt. Golo Mann erzählte später, dass seinem Vater einmal beim täglichen Spaziergang eine Gruppe Kinder in wilder Flucht entgegengestürmt kam, die laut schrie: „Die Manns kommen! Die Manns kommen!", woraufhin er in lautes Lachen ausgebrochen sei. Dementsprechend war Bruno Walters Frau Elsa ein wenig beunruhigt über den Umgang ihrer Töchter mit Klaus und Erika, die ja doch nur „Unfug" im Sinn hätten. Bruno Walter selbst, der von den Kindern „Kuzi" gerufen wurde, spielte ihnen häufig Auszüge aus verschiedensten Opern auf dem Flügel vor, gestikulierte und sang dazu und beschrieb ihnen das Bühnenbild und die Kostüme der Darsteller, was die Kinder sehr begeisterte.

Die Mitglieder der Herzogparkbande gründeten auch eine Theatergruppe, wobei sich Frau Walter von diesem „erneuten Unsinn" wenig begeistert zeigte und das Vorhaben in einer halbherzigen Schimpftirade als „Laienbund deutscher Mimiker" bezeichnete, ein Name, der begeistert übernommen wurde. Der Schauspielbund wurde gelegentlich um Golo und Monika Mann sowie um Gerta Marcks, die Tochter des Historikers Erich Marcks, und um Wilhelm Emanuel Süßkind erweitert. Man studierte mit großer Sorgfalt Stücke ein und benutzte die Häuser und Gärten der Nachbarschaft reihum als Bühne. Bruno Walter komponierte einige Melodien, um die Darstellungen musikalisch zu untermalen. Darüber hinaus wurden die Eltern abwechselnd dazu angehalten, in einem ausrangierten Rechenheft, dem Mimikbuch, eine Kritik über die jeweiligen Stücke zu verfassen. Aus diesem geht hervor, dass die Darstellung der Dame in Trauer in Lessings „Minna von Barnhelm" durch den achtjährigen, leicht lispelnden Golo wohl den größten Eindruck hinterließ.

Daneben allerdings war die Herzogparkbande durchaus auch mit dem von Elsa Walter befürchteten Unfug beschäftigt. Die Jugendlichen schlichen sich regelmäßig aus den Betten und streiften durch die Nachtlokale, nicht ohne einmal überstürzt aus dem Fenster fliehen zu müssen, weil ihre Tante Maria, die Frau von Heinrich Mann, das Lokal betreten hatte. Auch Telefonstreiche gehörten zum Repertoire der Bande. Einmal rief Erika Mann bei der Ehefrau des Schriftstellers Josef Ruederer an, gab sich als Stubenmädchen von Frau Sanitätsrat Meyer aus und lud das Ehepaar Ruederer für den kommenden Donnerstag zum Abendessen ein. Man kann sich die daraus entstandene Verwirrung nur allzu leicht vorstellen. Ein anderes Mal behauptete sie in einem Telefonat mit dem Theaterschauspieler Albert Fischel, sie sei ein einfaches bayerisches Bauernmädchen mit dem Namen Friedl Rucktascherer, und gestand ihm scheinbar verzweifelt ihre Liebe. Er fühlte sich geschmeichelt und lud sie zu einem Rendezvous ein, bei dem zu seinem Erstaunen die ganze Bande auftauchte. Der arme Herr Fischel! Neben den Telefonstreichen stahlen die Kinder auch immer häufiger Lebensmittel; diese Raubzüge gipfelten in einem festlichen Diner aus ausschließlich entwendeten Speisen, als die Eltern verreist waren.

Mit Constanze und Robert Hallgarten, deren Sohn Ricky mit Erika und Klaus Mann die Schauspieltruppe gegründet hatte, verband das Ehepaar Mann, unabhängig von den Kindern, eine echte Freundschaft. Constanze Hallgarten richtete in ihrem Haus an der Pienzenauerstraße 15 im Ersten Weltkrieg eine Nähstube zugunsten des Militärs ein, wobei es ihr als erklärter Pazifistin eher daran gelegen war, notleidenden Frauen eine Möglichkeit zu bieten, ihre Familien zu ernähren, als das Kriegsgeschehen zu unterstützen. Dementsprechend war ihr die Verleihung des „König-Ludwig-Kreuzes", eine Auszeichnung für besondere Verdienste um die bayerische Armee, eher unangenehm – aufgrund eines Behördenfehlers bekam sie sie zu allem Überfluss gleich zweimal verliehen.

Katia Mann sprach später scherzhaft davon, dass ihnen neben den Hallgartens die „Schaar der Brunonen", also Bruno Walter und Bruno Frank, besonders nahestand. Denn auch Bruno Frank war ein gerngesehener Gast im Hause Mann. 1926 mietete er das Haus von Bruno Walter, der aus München weggezogen war, und lebte dort bis 1933. Der erfolgreiche Autor vieler Bühnenstücke füllte sein Domizil mit Büchern und ließ sogar in den Fluren Bücherregale anbringen.

Zum Umkreis der Manns gehörte auch das Schauspielerehepaar Hertha von Hagen und Gustl Waldau, die in der Mauerkircherstraße 39 lebten. Sie erwarben das Haus direkt am Tag der Besichtigung, weil sie vom Herzogpark restlos begeistert waren, und sahen es fortan als Zentrum wahren Lebensglücks an. Sie gaben gemütliche Diners, rauschende Feste und auch Pokerabende; an alkoholischen Getränken mangelte es nie und die Gäste traten häufig erst in den Vormittagsstunden des folgenden Tages den Heimweg an.

Auch der Verleger Carl Hanser und seine Frau lebten fast sechzig Jahre lang am Herzogpark. Sie bezogen 1928 eine Wohnung in der Mauerkircherstraße 52, blieben dort bis 1960 wohnen und siedelten dann in die Vilshofener Straße 10 um, wo bis heute der Literaturverlag seinen Sitz hat. Das Haus in der Vilshofener Straße 10 war zuvor seit 1909 von dem Arzt Siegfried Mollier bewohnt worden, der als Professor für Anatomie und Histologie tätig war und an der Kunstgewerbeschule und Akademie der Bildenden Künste Plastische Anatomie unterrichtete.

Bei solch einzigartiger Nachbarschaft mag es nicht verwundern, dass sich bald auch ein gewisser Otto Deutsch-Zeltmann, Bankdirektor und Bücherfreund, in diesem Viertel der Münchner High Society niederließ.

Kapitel

2

Ein bücherverliebter Bauherr

OTTO DEUTSCH-ZELTMANN (1922 – 1937)

Büchern bin ich zugeschworen,
Bücher bilden meine Welt.
Bin an Bücher ganz verloren,
Bin von Büchern rings umstellt.

Zärter noch als Mädchenwangen
Streichl' ich ein geliebtes Buch,
Atme bebend vor Verlangen
Echten Pergamentgeruch.
(Karl Wolfskehl, 1869–1948)

Diese Hymne aller Bibliophilen hat noch drei weitere Strophen. Gesungen wurde sie nach der Melodie der deutschen Nationalhymne, der 1922 von Joseph Haydn komponierten, ehemaligen österreichischen Kaiserhymne. Den humorvollen Text hat Karl Wolfskehl, der „Zeus von Schwabing", seines Zeichens Germanist, Dichter und Mittelpunkt der Münchner Boheme, geschrieben. Die Hymne sei selbstredend aus voller „Wolfs-Kehle" zu singen, so weist der illustrierte Erstdruck des Textes die Sänger an. Vorgetragen wurde sie erstmals auf der Jahresversammlung der „Münchner Bücherfreunde" am 5. April 1930 im Hotel Vier Jahreszeiten. Für diesen Anlass hatte Wolfskehl sie erdacht. Der bücherverliebte Vorsitzende dieses elitären Clubs war Otto Deutsch-Zeltmann, der Erbauer der Villa am Herzogpark, und die Hymne war ihm auf den Leib geschrieben, denn Bücher waren seine Leidenschaft.

Ein romanhaftes Leben: Otto Deutsch-Zeltmann

Otto Deutsch-Zeltmann hätte wohl mit Fug und Recht selbst den Protagonisten eines höchst dramatischen Romans abgeben können: Geboren wurde der Sohn von Albert und Helene Deutsch am 26. März 1876 in Neustadt an der Haardt in Bayern, heute Neustadt an der Weinstraße in Rheinland-Pfalz. Er hatte drei Geschwister, Ludwig, Emma und Ida. Otto war ein eher kleiner, schmal gebauter Mann mit großer Nase und großen Ohren und einem sehr freundlichen Gesichtsausdruck: „Ein fantastischer Mensch", pflegte sein Schwiegersohn Joszi (eigentlich Josef Paul) von Gans stets über ihn zu sagen.

Der wohlhabende und wohlerzogene Mann aus gutem Hause machte Karriere bei der Darmstädter Bank, heiratete seine Traumfrau, war Träger der Ehrendoktorwürde und konnte in München ein Leben ganz nach seinem Geschmack führen. In seiner prachtvollen Villa umgab er sich mit Ästhetik und Geist, lebte ganz für seine Bücherleiden-

Ein fesches Paar: Emma und Otto Deutsch-Zeltmann.

schaft, zählte Autoren wie Oskar Maria Graf und Thomas Mann zu seinen Gästen und umgab sich mit Literaten und Illustratoren, die zu ihrer Zeit die Münchner Bücherszene prägten. Doch dieser Traum fand mit dem Schwarzen Freitag 1929 ein jähes Ende; Otto Deutsch-Zeltmann musste den Bankrott seiner Bank sowie seinen eigenen finanziellen Niedergang erleben – und damit auch das Ende seiner Bemühungen um die „Bücherliebeskunst". Er starb nach langer Krankheit 1937.

„Gescheit, gebildet, ausgebildete Pianistin und Cellistin – für den Hausgebrauch": Emma Deutsch-Zeltmann

Otto Deutsch verehelichte sich am 6. März 1918 in Frankfurt am Main mit Emma Maria Theresia Freifrau von Riedel, geborene Zeltmann. Emma, geboren am 16. November 1879, war die Tochter von Theodor Zeltmann, der dem so abenteuerlich klingenden Beruf des Überseekaufmanns nachging – ihm gehörte die Firma F. Engler & Cie. Saigon – und seiner Frau Luise Zeltmann, geborene Engler. Emma hatte zwei jüngere Brüder, beide wie sie in Paris geboren, Generalmajor Otto Zeltmann, der sowohl im Ersten wie auch im Zweiten Weltkrieg diente, und Heinrich (genannt Henri) Zeltmann, der das Geschäft seines Vaters übernahm und 1911 von Kaiser Franz-Josef I. zum k.-u.-k.-Honorarkonsul in Saigon bestellt wurde.

Emma war eine attraktive Frau aus reichem Hause, die auf manchen Jugendfotos aussieht, als wäre sie einem Gemälde von Gustav Klimt entstiegen. Sie legte Wert auf ihr Äußeres und war bis ins hohe Alter stets perfekt und nach der neuesten Mode gekleidet. Hunde hatten es ihr eher angetan als Bücher; in der Familie erzählt man sich scherzhaft, dass sie höchstens ein Buch im Leben gelesen habe. Im Familienkreis wurde sie stets „Rabe" genannt – warum, ist in Vergessenheit geraten. Auf der Rückseite eines Fotos von ihr vermerkte ihre Tochter Melitta: „Gescheit, gebildet, ausgebildete Pianistin und Cellistin – für den Hausgebrauch."

Wie sich das für eine junge Frau von solchem Format gehörte, machte sie eine sehr gute Partie. Sie heiratete zunächst Freiherrn Hans von Riedel, einen Enkel des bayerischen Finanzministers unter König Ludwig II. und unter Prinzregent Luitpold. Die beiden hatten zwei Töchter, Alice, genannt „Mädi", die um 1923 Karl von Henkell heiratete, und Melitta, genannt Mausi, die am 24. Januar 1906 in München zur Welt kam. Otto und seine Stieftochter Melitta hatten offenbar ein sehr gutes Verhältnis. Es gibt einen rührenden Brief aus dem Jahr 1914 von der Zwölfjährigen an ihren Stiefvater, in dem sie ihm nicht nur einen herzigen Dackel zeichnete, sondern auch Grüße und Küsse sendet und über ihren Alltag berichtet, der aus Schwimmen und (kleinen) Schulsorgen bestand.

1 ◇ Emma im weißen Pelz. In ihrer Villa in der Vilshofener Straße gab es ein eigenes Zimmer für Pelze.

2 ◇ Emma wie auf einem Gemälde von Gustav Klimt.

Eine Villa in München

Otto und Emma waren zu Beginn der 1920er Jahre noch in Wiesbaden ansässig, wo Otto am 1. Juni 1922 die Ehrendoktorwürde der Juristischen Fakultät der Universität Heidelberg verliehen wurde. Dann jedoch zog das Paar in die bayerische Landeshauptstadt – wahrscheinlich, weil Otto die Leitung der Filiale der Darmstädter Bank in München übertragen wurde. Die Deutsch-Zeltmanns würden in München einen gewissen gesellschaftlichen Rang einnehmen und benötigten ein repräsentatives Haus: Eine prächtige Villa sollte gebaut werden.

Otto Deutsch-Zeltmann beauftragte den Architekten Julius Metzger mit dem Bau der Villa in der Vilshofener Straße. Metzger war ein durchaus bekannter Architekt, der etwa für den Bau des Mietshauses in der Bauerstraße 9 (1928/29) verantwortlich zeichnete, ein Gebäude, das damals architektonisch als sehr modern galt und heute mit seinem turmartigen Eckvorsprung, dem Dreieckserker und dem Mansardenwalmdach unter Denkmalschutz steht.

Für die Ausstattung des Inneren der Villa hatte das Ehepaar Deutsch-Zeltmann eine wahre Berühmtheit gewonnen: Lucian Bernhard. Kenner bekommen bei diesem Namen leuchtende Augen, denn Bernhard war einer der wichtigsten Plakatgestalter und Typografen des 20. Jahrhunderts, ebenso aber auch Designer der Neuen Sachlichkeit, Architekt und der erste Professor für Plakatkunst; seine Arbeiten wurden 1964 auf der documenta III in Kassel gezeigt. Wer in der Bildersuche im Internet seinen Namen eingibt, dem wird es schwerfallen, sich wieder zu lösen, so ästhetisch, ansprechend und einfallsreich sind seine grafischen Arbeiten. Oder, wie es der erste Bundespräsidenten der Bundesrepublik Theodor Heuss in seinem Buch über Robert Bosch ausdrückte: „Bernhards Geschick für gute flächige Wirkungen, für eine etwas gedämpfte, doch saubere Farbtönung, die Klarheit, mit der ohne verwirrende Einzeldinge die Grundstruktur der technischen Apparaturen vereinfacht wurde, gab eine sinnfällige, nie laute oder gar überlaute Kennzeichnung der einzelnen Arbeiten."

Lucian Bernhard wurde als Emil Kahn am 15. März 1883 in Cannstatt bei Stuttgart geboren. Er besuchte die Kunstakademie in München, ging 1901 nach Berlin, wo er Plakate für Firmen wie Pelikan, Manoli, Kaffee Hag, Bosch oder Faber-Castell entwarf, zahlreiche Buchcover gestaltete und unter anderem die Innenausstattung des 1911 eröffneten Prinzeß-Theaters, eines Lichtspieltheaters in der Kantstraße, schuf. In Berlin nahm er das Pseudonym Lucian (auch Lucien) Bernhard an, unter dem er weltberühmt wurde.

Von 1910 bis 1920 war Bernhard künstlerischer Leiter der Deutschen Werkstätten Hellerau in Dresden, die zu den bedeutendsten Herstellern von Möbeln im Kontext der Reformbewegung des Kunstgewerbes gehörten; hier designte er Möbel, Tapeten, Teppiche

Wahrscheinlich ein Hochzeitsfoto von
Otto und Emma Deutsch-Zeltmann,
sie heirateten im Jahr 1918.

1 ◊ Lucian Bernhard, der Gestalter der Innenräume der Villa.

2 und 3 ◊ Zwei der ikonischen Werbeplakate, die Bernhard entwarf, für die Zigarettenfabrik Manoli, deren Verpackungen er auch gestaltete, und für Bosch.

1

und Leuchten. In seinem Architekturbüro an der Bellevuestraße in Berlin fertigte er Entwürfe für die Innenausstattung seines eigenen Wohnhauses in Grunewald an und konzipierte einen Büroneubau für die „Cigarettenfirma Manoli", der im Sommer 1922 in der Potsdamer Straße 27a realisiert wurde. 1923 wurde er als Professor für Reklamekunst an die Unterrichtsanstalt des Kunstgewerbemuseums in Berlin berufen – die erste Professur dieser Art.

Am 23. November 1922 meldete sich das Ehepaar Deutsch-Zeltmann in München mit dem Wohnsitz Vilshofener Straße 8 an. Das Gebäude fiel durch die beiden Ecktürme und den Vorbau des Eingangs sowie durch seine Farbe ins Auge: ochsenblutrot. Im Erdgeschoss befanden sich eine große Halle, das Herzstück der Villa mit einer gemütlichen Sitzgruppe am Kamin und einem Flügel, dazu ein geräumiges und repräsentatives Speisezimmer und natürlich eine stattliche Bibliothek, die durch eine verwunschene Wendeltreppe mit einer Galerie im ersten Obergeschoss verbunden war. Ein großer Raum mit massiven hölzernen Einbauregalen und Sitzbänken, die zum Lesen und Blättern einladen. Das Eckzimmer mit dem Erker Richtung Mauerkircherstraße wurde als Jagdzimmer verwendet, der Erker mit einer Sitzbank lud zum gemütlichen Beisammensein ein. Geweihe an der Wand sorgten für ein rustikales Flair. Das Zimmer darüber war Melittas Zimmer – wahrlich ein Prinzessinnentraum mit rosa Decke und Ornamentquasten an den Wänden. Im Obergeschoss fand man das Schlafzimmer in Richtung Süden vor, das von zwei kleineren Wohnzimmern eingerahmt war, dazu zwei weitere Schlafzimmer und das Badezimmer sowie die kleine Kammer für die „Jungfer". Zuletzt noch ein Ankleidezimmer, unter dem durch eine Falltür verbunden eine etwa 1,20 Meter hohe wie breite Kammer mit Kleiderstange lag: Hier wurden im Sommer die Pelze aufbewahrt.

Im „Haus Dr. D. – München", wie es die Zeitschrift „Dekorative Kunst" nannte, gab Bernhard alles, und dieses „alles" lässt sich halbwegs schwer beschreiben und stellte offenbar auch schon Fritz Hellwag, Autor des besagten Artikels, vor Schwierigkeiten: „Unter den ‚modernen' Künstlern ist wohl keiner, der so wenig wie Lucian Bernhard sich um ästhetische Parolen kümmert und dem strengen Dogma der Kunstrichtungen so gern und mit so verblüffender Unbefangenheit ein Schnippchen schlägt." So wird der Artikel, der versucht, diese „Unbefangenheit" in Worte zu fassen, eingeleitet. Da ist vom Bernhard-Barock die Rede, vom humoristischen Darbieten von Ideen oder auch davon, dass Bernhard es „doch oft ein bißchen gar zu toll" treibt. Die Diele wird folgendermaßen beschrieben: „Die Renaissancestimmung der Diele wird nicht allein durch die alten Möbel und den schönen Gobelin hervorgerufen, sondern durch geschickt und mit optischer Verstärkung verwertete Einzelmotive, durch die schwere, umbrafarbene Balkendecke, den Steinboden und durch die vorgestellte Rundsäule; seltsam kontrastiert zur linearen Strenge ein geknickter Halbbogen der seitlichen Durchgangstüre. Kühn ist die Lösung der Ecke, wo eine ornamental sehr betonte Treppe in wirklichem Gefühlssinne ‚mündet'. Die Wände sind mit bläulichrosafarbenem Damast gespannt, auf die das schattierte Elfenbein der Säulen und das grünliche Gold der Ornamentleisten abgestimmt ist." Sehr eindrucksvoll müssen auch Emmas Privaträume gewesen sein: „Das Boudoir der Dame des Hauses nennt Bernhard die ‚wattierte Bonbonnière' – eine prächtig ausgestattete Pralinenverpackung also. Er bespannte hier die Wände mit glänzender dunkelblauer Seide, strich die Decke mit dunkelblauem Lack und besäte sie mit altgoldenen Sternchen. Die Nische, in die wir seitlich hineinblicken, ist von einem Zeltdach überspannt, Sammet und Seide ihrer Bespannung locken in gedämpftem Champagnerton." Neue Sachlichkeit sah sicher anders aus, und wenn man sich die professionell aufgenommenen Fotografien von der Villa anschaut, so versteht man, was der Autor des Artikels meint, wenn er von Unbefangenheit und Ablehnung von Dogmen spricht.

Und die Bibliothek? „In der Bibliothek gab der reale Zweck die Form. Hier repräsentiert nicht der Mensch, sondern die in den Büchern beschlossene Wissenschaft. Die Schränke sind eingebaut, auf der einen Längsseite über einer den Gesamtton angebenden alten Renaissance-Truhebank, auf der anderen um einen vielleicht nicht ganz so stilreinen Kamin herum. Ein schweres Randgesims umschließt den Raum, der abgeschieden ist von der heiteren Lebensfreude der übrigen Wohnung und so zur beschaulichen Selbstbesinnung einladet." Diese immerhin 40 Quadratmeter große Bibliothek lässt Rückschlüsse auf das zu, was Otto Deutsch-Zeltmann im Leben am meisten begeisterte, nämlich Bücher, vor allen Dingen schöne Bücher.

Ab 1926/27 war Otto Deutsch-Zeltmann Mitglied in der am 22. Dezember 1911 in Berlin gegründeten Maximilian-Gesellschaft. Benannt nach dem kunstsinnigen Bücherliebhaber Kaiser Maximilian, gilt sie heute mit über 700 Mitgliedern als die größte der drei überregional wirkenden deutschen bibliophilen Vereinigungen. Die Gesellschaft widmet sich der Förderung von inhaltlich guten sowie schön gestalteten Büchern, der deutschen Buchkunst wie auch der Buchwissenschaft. Otto Deutsch-Zeltmanns eigentliches Wirken fand jedoch im Kreis der Münchner Bücherfreunde statt, deren langjähriges Mitglied und Vorsitzender er von 1927 bis 1931 war. Die Geschichte der Münchner Bücherfreunde reicht bis zur Jahrhundertwende zurück, als in München „die Kunst … an der Herrschaft" war (Thomas Mann) und das künstlerische wie auch das literarische Leben als überbordend und üppig bezeichnet werden können, ein Rauschzustand – genau das Milieu für die Vereinigung der Bibliophilen, die für Otto Deutsch-Zeltmann so wichtig werden sollte.

LUCIAN BERNHARD-BERLIN HAUS DR. D.-MÜNCHEN. HALLE

DAS HAUS DR. D. IN MÜNCHEN VON LUCIAN BERNHARD

Unter den „modernen“ Künstlern ist wohl keiner, der so wenig wie Lucian Bernhard sich um ästhetische Parolen kümmert und dem strengen Dogma der Kunstrichtungen so gern und mit so verblüffender Unbefangenheit ein Schnippchen schlägt. Kommt ihr ihm mit einem Programm, so macht er einen Witz — er pflegt gute Witze zu machen —, und euere Paragraphen wirbeln so durcheinander, daß ihr selbst euch nur auf dem Zickzackweg des Rösselsprunges wieder auf die rechte Straße zurückfindet.

Ihr habt den Stilmöbelfabrikanten, die versteinerte Rezepte im Hirne tragen, den Krieg erklärt? Gut, schlagt sie dreimal tot. Aber, wo wäre der Scheiterhaufen, auf dem euch baulustige Sammler ihre schönen, wirklich alten Stücke opfern würden, die sie mit großer Sorgfalt erworben haben und an denen sie mit inniger Liebe hängen? Bernhard berührt diese Dinge und weckt sie zu neuem Leben, indem er ihnen eine moderne Umgebung schafft, in die sie ihre unvergängliche Schönheit auswirken können.

Ja aber .....! Lucian Bernhard treibt es doch oft ein bißchen gar zu toll. Ist er in seiner Liebe zur alten Kunst, in seiner Achtung vor ihr, nicht schon selbst auf dem Standpunkt jener Stilmöbelfabrikanten angelangt, indem er auch da mit historischen Stilen arbeitet, wo keine wirklich alten Stücke, wie Sie so schön sagten, „zu neuem Leben zu erwecken sind“? Sehen Sie das hier abgebildete Boudoir, in dem eine Menge von Stilanklängen durch Farbenskalen kontrapunktiert wird, die wir in diesem Konzert nur als „Stilunechtheit“ empfinden können. — Grau, teurer Freund, ist alle Theorie und

Der Artikel über die Villa in der Zeitschrift „Dekorative Kunst“ (1926).

Für den Artikel in der Zeitschrift „Dekoratve Kunst“ wurde die Villa vom Fotografen Paul Fock innen und außen fotografiert.

Das Speisezimmer.

Das Schlafzimmer der Hausherrin.

I ◊ Treppe in der Halle.

2 ◊ Zimmer der Tochter.

3 ◊ Halle mit Kamin.

4 ◊ Das Boudoir der Dame des Hauses.

1

2

3

4

Weitere Aufnahmen aus der Villa:

1 ◊ Salon mit Kamin.

2 ◊ Jagdzimmer in einem der Türme.

3 ◊ Blick aus dem Speisezimmer in die Halle.

4 ◊ Durchgang.

I ◊ Treppenaufgang im Obergeschoss.

2 und 3 ◊ Ein weiteres Turmzimmer.

Bücher spielten im Leben Otto Deutsch-Zeltmanns eine große Rolle. So gab es neben der Bibliothek noch weitere gemütliche Leseecken.

Die Villa vom Garten her gesehen.

Die Villa von der Vilshofener Straße
aus gesehen.

Die Münchner Boheme um 1900

„Die Kunst blüht, die Kunst ist an der Herrschaft, die Kunst streckt ihr rosenumwundenes Zepter über die Stadt hin und lächelt. Eine allseitige respektvolle Anteilnahme an ihrem Gedeihen, eine allseitige, fleißige und hingebungsvolle Übung und Propaganda in ihrem Dienste, ein treuherziger Kultus der Linie, des Schmuckes, der Form, der Sinne, der Schönheit obwaltet … München leuchtete."
(Thomas Mann, Gladius Dei, 1907)

Wer hat sich nicht schon einmal nach Schwabing um 1900 geträumt, als man an jeder Ecke und in jedem der zahlreichen Künstlercafés berühmten Malern und Malerinnen, Schriftstellern und Schriftstellerinnen begegnen konnte, wer hätte nicht gerne im damaligen „Simpl" eine Halbe getrunken oder auf einem der berühmt-berüchtigten Faschingsfeste mitgefeiert?

Doch wie entstand diese Münchner, genauer gesagt Schwabinger Boheme, die heute noch als Eldorado der Kunst in unseren Köpfen herumspukt? Nach dem Deutsch-Französischen Krieg 1870/71 verfügte das Deutsche Reich über französische „Reparationszahlungen", die einen enormen wirtschaftlichen Aufschwung zur Folge hatten. In München entstanden neue Wohnviertel, seit 1883 fuhr nicht nur die Trambahn durch die Stadt, es gab auch bereits 145 Fernsprechteilnehmer. 1885 wurde das Oktoberfest erstmals elektrisch beleuchtet, und nur drei Jahre später wurde die elektrische Straßenbeleuchtung in der Innenstadt eingeführt. 1880 gab es die ersten Litfaßsäulen in München und 1881 gastierte auf der Wiesn ein „Cinematographen-Wandertheater"; und der einfallsreiche und geschäftstüchtige Schausteller Carl Gabriel zeigte ab 1896 in seinem „Internationalen Handelspanoptikum" in der Kaufingerstraße ständig bewegte Bilder. Aufschwung und Neuerungen führten zwar zu sozialen und politischen Konflikten, aber auch zu einer nie gekannten Blütezeit im kulturellen Bereich. In München herrschte zudem ein freizügigeres gesellschaftliches und politisches Klima als andernorts. Es verwischte Übergänge zwischen den einzelnen Gesellschaftsschichten und begünstigte das Entstehen der sogenannten Münchner Boheme und des Münchner Künstlertums.

Die Entwicklung Münchens zu einer renommierten Kunststadt von internationalem Rang hatte bereits unter der Regierung König Ludwigs I. begonnen; sie setzte sich nun weiter fort. Die von ihm nach München verlegte Universität und die unter seiner Ägide gegründeten Museen zogen Künstler aus allen Ländern an. Der 1854 errichtete Glaspalast beherbergte zahlreiche bedeutende Ausstellungen, und an der Münchner Kunstakademie unterrichteten Berühmtheiten wie Peter Cornelius und Franz von Stuck. Um 1890 waren in München 3000 Maler und Bildhauer tätig. So manch einer bezeichnete München als die große „Kunstfabrik des Reiches".

1 ◊ Das von Secessionsmitglied Franz von Stuck für die VII. Internationale Kunstausstellung München 1897 geschaffene Plakat.

2 ◊ Werbemarken für die vielfältigen Schaustellungen, für die Carl Gabriel in München bekannt war: der Rollschuh-Palast, eine „Völkerschau" und das heute noch beliebte Teufelsrad auf dem Oktoberfest.

Das Te
Gruß vom Oktoberfest.
Quelle S

Noch heute ein beliebter Wiesnklassiker: das Teufelsrad, das der Münchner Vergnügungsexperte Carl Gabriel erfand.

Auch Prinzregent Luitpold, der seit 1886 die Geschicke Bayerns lenkte, förderte die Kultur. Der kunstsinnige Herrscher rief 1891 die „Prinzregent-Luitpold-Stiftung zur Förderung der Kunst, des Kunstgewerbes und des Handwerks" ins Leben. Zwar unterstützte die Stiftung, ganz nach dem Geschmack Luitpolds, durch Stipendien und Ankäufe eher konservative Künstler, aber der Prinzregent behinderte die Entwicklung moderner Kunstformen in keiner Weise und schmückte sogar die Residenz mit Werken zeitgenössischer Maler – ganz im Gegensatz zum deutschen Kaiser Wilhelm II., der jede Art moderner Kunst konsequent ablehnte. Er sei von „weitsichtiger Duldsamkeit", sagte daher der Erzgießer Ferdinand von Miller über den Prinzregenten.

Dennoch gründeten 1892 unter der Führung von Franz von Stuck 96 bildende Künstler den „Verein bildender Künstler Münchens Secession e.V.", um gegen die Bevormundung der Kunst durch den staatlichen Kunstbetrieb und die Förderung traditioneller Kunst etwa durch die Münchner Künstlergenossenschaft und die Prinzregent-Luitpold-Stiftung ein Zeichen zu setzen. Die Münchner Secession war ein Vorbild für die Gründung weiterer Secessionen in ganz Europa; die internationale Kunstszene blickte nach München. Von der Secession wiederum spaltete sich 1906 die „Neue Künstlervereinigung München" unter Leitung von Marianne von Werefkin und Wassily Kandinsky ab. 1911 schlossen sich abstrakt arbeitende Künstler wie Franz Marc, Gabriele Münter, Robert Delaunay, August Macke, Paul Klee, Alexej von Jawlensky und Arnold Schönberg im „Blauen Reiter" zusammen.

So wird verständlich, warum viele und vor allem namhafte Maler und Zeichner in München ansässig waren: Lovis Corinth, Olaf Gulbransson, Wassily Kandinsky, Paul Klee, Franz von Lenbach, Max Slevogt oder Franz von Stuck. Und München darf sich auch rühmen, Wege für Frauen in der Kunst gebahnt zu haben: „Ab nach München", schrieb Gabriele Münter 1901 in ihr Tagebuch, nachdem eine Freundin sie auf die „Damenakademie" für Malerei ebendort aufmerksam gemacht hatte. Wie viele andere junge Frauen, die meist aus dem gehobenen Bürgertum stammten, gingen die beiden Freundinnen nach München, um dort Malerei zu studieren. Die bayerische Metropole war um die Jahrhundertwende auch ein Zentrum der Frauenbewegung, hier lebten etwa Ellen Amann oder Anita Augspurg, die Vereine wie die „Gesellschaft zur Förderung der geistigen Interessen der Frau" gründeten. Ab 1903 stand Frauen schließlich der Zugang zu den Universitäten in Bayern offen. Die Aufnahme in die Königliche Akademie der Bildenden Künste war Frauen zwar bis 1919 verwehrt, aber die Damen ergriffen 1882 mit der Gründung des „Künstlerinnen-Vereins" und zwei Jahre später der Münchner „Damenakademie", wo auch Käthe Kollwitz studierte, selbst die Initiative.

München um die Jahrhundertwende leuchtete nicht nur im Bereich der Malerei, auch Architektur und Musik erhellten die Stadt. Während der Regierungszeit des Prinzregenten wurden zahlreiche Bauten und Monumente errichtet, die München heute noch prägen, etwa das Nationalmuseum, das Hofbräuhaus, der Friedensengel oder das Deutsche Museum. Neben dem Hof-, dem Residenz-, dem Gärtnerplatz- und dem Volkstheater entstanden 1896 das Deutsche Theater, 1897 das Münchner Schauspielhaus und 1901 das Prinzregententheater. Mozart-Aufführungen begründeten seit 1895 den Ruf der Stadt als Opernmetropole und seit 1901 sorgten zusätzlich jährliche Wagner-Inszenierungen im Prinzregententheater für internationale Aufmerksamkeit. München stieg zu einer der bedeutendsten Opernstädte der Welt auf.

Auch die sogenannten Volkssänger erfreuten sich großer Beliebtheit: Um 1900 waren in München 800 von ihnen gemeldet. Die Berühmtesten waren Karl Valentin und der Weiß Ferdl. Sie traten in Bierkellern und auf Hotelbühnen, in Singhallen und Varietés auf und unterhielten ihr Publikum mit Gstanzln, Schnaderhüpfln und Couplets, die mit teilweise bösem Humor den Alltag der kleinen Leute thematisierten. Die Volkssänger waren die „Stimme der Vorstadt", also der Viertel der armen Leute. Ihre Kunst wurde zum Sinnbild eines Münchner Lebensgefühls; nicht ohne Grund wurden Karl Valentin, Liesl Karlstadt, Ida Schumacher und dem Weiß Ferdl Denkmäler auf dem Viktualienmarkt errichtet. Und gerade Zitate von Karl Valentin gehören heute zum Münchner Sprachschatz: „Fremd ist der Fremde nur in der Fremde", „Mögen hätt ich schon wollen, aber dürfen hab ich mich nicht getraut" oder „Alle reden vom Wetter, aber keiner unternimmt was dagegen".

Literarisches München

„Und mich zieht's mit Geisterhänden,
Ob ich will, ob nicht, ich muss,
Nach den bildgeschmückten Wänden,
In den Simplicissimus."
(Joachim Ringelnatz, 1909)

Genauso wie die bildende Kunst, Architektur und Musik gedieh in München auch die Literatur. Bereits während des 19. Jahrhunderts hatte sich die Stadt zu einer Buchstadt gemausert. Nachdem unter Ludwig I. 1826 die Universität von Landshut nach München verlegt worden war, wurden hier belletristische, wissenschaftliche und Kunstverlage wie Cotta, Friedrich Bruckmann, Georg Callwey, Georg Hirth oder Franz Hanfstaengl gegründet. Die Entstehung großer Firmen wie des Lokomotivenherstellers Krauss & Co. und der Maffei AG oder Linde's Eisfabrik in München AG während der Industrialisierung

Ernst Ludwig Kirchner,
„Moderne Boheme".

zog die Etablierung natur- und geisteswissenschaftlicher Verlage wie Rudolf Oldenbourg nach sich, aber auch juristische Fachverlage wie C.H.Beck, medizinische Fachverlage wie J.F.Lehmanns oder theologische Fachverlage wie Kösel siedelten sich in der Stadt an. Um 1900 gab es 66 Verlage in München, im Jahr 1915 waren es bereits 141. Besondere Berühmtheit erlangten die sehr aktiven literarischen Verlage in der Prinzregentenzeit, vor allem Albert Langen, in dem ab 1896 die bedeutendste deutsche Satirezeitschrift „Simplicissimus" erschien, sowie die Verlage Georg Müller und Reinhard Piper; später kam noch Kurt Wolff dazu. Der „Simplicissimus" war in den sozial äußerst unruhigen Zeiten ein Sprachrohr für Kritik an den herrschenden Verhältnissen. Sein Logo, die zähnefletschende und ihre Ketten zerreißende rote Bulldogge auf schwarzem Grund, war von Thomas Theodor Heine gezeichnet worden. Wo sie auftauchte, wurden Hof, höheres Militär und Adel sowie Geistlichkeit nicht geschont.

Neue Zeitschriften und Informationsblätter wie „Die Gesellschaft", „Die Insel" oder die „Jugend" entstanden. In der von Georg Hirth und Fritz von Ostini gegründeten Kulturzeitschrift „Jugend" erschienen Texte von Thomas Mann, Arthur Schnitzler, Rainer Maria Rilke oder Richard Dehmel sowie Illustrationen von Thomas Theodor Heine, Olaf Gulbransson und Bruno Paul. Wegen ihrer ungewöhnlichen und herausragenden Gestaltung wurde die Zeitschrift namensgebend für den Jugendstil, der alle Bereiche der Künste beeinflusste.

Die literarische Münchner Avantgarde gründete in der ganzen Stadt Zirkel und Gesellschaften, besonders bekannt waren der Salon des Ministers von Crailsheim, die Cafés „Luitpold", „Minerva", „Stefanie", das von den Münchnern „Café Größenwahn" genannt wurde und zu den wenigen Lokalen gehörte, die eine Konzession für Bewirtung bis 3 Uhr morgens hatten, oder das Künstlerlokal „Simpl".

Zentrum der Münchner Boheme war Schwabing, von Franziska zu Reventlow in ihrem Roman „Herrn Dames Aufzeichnungen oder Begebenheiten aus einem merkwürdigen Stadtteil" liebevoll als „Wahnmoching" bezeichnet. Hier entstand nicht nur eine literarische Avantgarde, hier waren auch etablierte Künstler, Beamte, Geschäftsleute und Unternehmer ansässig; die Münchner Boheme wirkte anziehend auf viele. Auch das erste politische Kabarett, „Die elf Scharfrichter", das in Deutschland 1901 von Otto Falckenberg mitbegründet worden war, war in Schwabing beheimatet.

Die Liste der in „Wahnmoching" ansässigen und arbeitenden Schriftsteller ist lang, selbst wenn man nur die allerwichtigsten nennt: Lena Christ, Ludwig Ganghofer, Stefan George, Ricarda Huch, Henrik Ibsen, Rainer Maria Rilke, Ludwig Thoma und Frank Wedekind. Ebenso der Münchner „Dichterfürst" Paul Heyse, der 1910 als erster Deutscher für seine belletristischen Texte den Nobelpreis für Literatur erhielt. „Ich habe es stets als eine besondere Gunst meines Geschickes betrachtet, daß mein Leben in jungen Jahren

1 ◊ Die Schriftstellerin Franziska zu Reventlow schuf in ihrem Roman „Herrn Dames Aufzeichnungen oder Begebenheiten aus einem merkwürdigen Stadtteil“ den Begriff „Wahnmoching“ für den Münchner Stadtteil Schwabing.

2 ◊ Im Café „Stefanie“, das von den Münchnern „Café Größenwahn“ genannt wurde und zu den wenigen Lokalen gehörte, die eine Konzession für Bewirtung bis 3 Uhr morgens hatten, traf sich die Schwabinger Boheme.

2

Im Odeon-Casino verkehrte unter anderen der Verleger der Zeitschrift Insel, Alfred Walter Heymel.

aus dem heimatlichen Berlin nach München verpflanzt wurde .... Eine Berührung aber mit dem altbayerischen Stamm ... konnte dem Norddeutschen nur heilsam sein und seine dichterischen Nerven erfrischen .... Desto liebenswürdiger erschien uns hier im Süden gegenüber der strengen Sonderung der Stände, die in der Heimat herrschte, der freiere Verkehr der verschiedenen Gesellschaftsklassen untereinander an öffentlichen Orten, der schon an Italien erinnerte, ... die demokratisierende Macht des Bieres hatte eine Annäherung bewirkt, ... die Gleichheit vor dem Nationalgetränk milderte den Druck der sozialen Gegensätze ..." – so beschrieb er seine Wahlheimat in seinen Jugenderinnerungen. Ein weiterer „Schwabinger" folgte ihm 1929 als Nobelpreisträger nach, nämlich Thomas Mann. Später allerdings war Thomas Mann „Nachbar" von Otto Deutsch-Zeltmann in Bogenhausen, er bezog seine Villa am Herzogpark 1914.

Die Gründung der „Gesellschaft der Münchner Bibliophilen" 1907

„So haben wir Bibliophilen denn geradezu einen heiligen Auftrag, einen Auftrag, der über die gesteckten Grenzen hinaus Heil bringen, Unheil verhüten kann."
(Karl Wolfskehl, Bücher, Bücher, Bücher, Bücher. Elemente der Bücherliebeskunst, 1932)

Während dieser Blütezeit des literarischen Schaffens, genauer gesagt im Jahr 1907, wurde die „Gesellschaft der Münchner Bibliophilen" gegründet. Bekannte Bibliophile, die dieser wohl einzigartigen Vereinigung angehörten, waren der wegen seiner Körpergröße als „Zeus von Schwabing" betitelte Germanist und Büchersammler Karl Wolfskehl, der dem legendären George-Kreis angehörte, sowie Carl Georg von Maassen und der Illustrator Rolf von Hoerschelmann. Sie alle vereinte die Liebe zur Literatur und zum schönen Buch sowie eine Leidenschaft für Antiquariate und bibliophile Glücksfunde. Auch machte die Vereinigung durch turbulent-ausschweifende Feste, etwa zur Faschingszeit, auf sich aufmerksam. Motti dieser Feste waren antike Tragödien und Komödien sowie Überlieferungen von historischen Gastmählern. Auf Fotografien erblickt man einen als Homer verkleideten Wolfskehl an einer mit Efeu bekränzten Tafel, neben ihm Stefan George – ganz nach römischer Sitte auf den Ellbogen gestützt auf einem luxuriösen Diwan.

In seinem Werk „Bücher, Bücher, Bücher, Bücher. Elemente der Bücherliebeskunst" führt Karl Wolfskehl seine Leserschaft in den liebevollen und moralischen Umgang mit Büchern ein. „Jeder wahre Bibliophile ist ein Priester am Geiste ... Ein Ahnenkultus zartester, stillster Art, das ist echte Bibliophilie. Ein Ahnenkultus, der das Gewesene leibhaft uns verbindet, ja verbündet ... So haben wir Bibliophilen denn geradezu einen heiligen Auftrag, einen Auftrag, der über die gesteckten Grenzen hinaus Heil bringen, Unheil ver-

Jahrgangseinband der Zeitschrift „Simplicissimus", gestaltet von Thomas Theodor Heine, 1908.

hüten kann." Erschienen ist die Anleitung in der bibliophilen Münchner Rupprecht Presse im Verlag C.H.Beck, deren literarischer Berater Wolfskehl seit 1922 war. Seine Expertise für die Mitarbeit an den Lyrikbänden der Rupprecht Presse erwarb er während seines Studiums der Germanistik sowie der Literatur- und Kunstgeschichte in Gießen, Leipzig und Berlin.

Karl Wolfskehl war Dreh- und Angelpunkt sowohl der „Gesellschaft der Münchner Bibliophilen" als auch ihrer Nachfolgeorganisation „Die Münchner Bücherfreunde". Der 1869 in Darmstadt als Sohn eines Rechtsanwalts, Bankiers und Landtagsabgeordneten geborene Wolfskehl verfasste Lyrik, Prosa sowie Drama und übersetzte aus dem Französischen, Englischen, Italienischen, Hebräischen sowie Lateinischen und Mittelhochdeutschen. Wolfskehls Hauptthemen waren seine deutsche Heimat und seine jüdische Verwurzelung, er positionierte sich deutlich gegen Ausgrenzung und Vertreibung. „In Tat und Wahrheit hat kaum ein anderer deutschsprachiger Dichter sich mit der Frage von Heimat, Wanderung, Fremde und Vertreibung so intensiv auseinandergesetzt wie der Jude Karl Wolfskehl", schrieb der Schweizer Literaturwissenschaftler Alfred Bodenheimer über ihn.

In München, wohin er gekommen war, um eine Professur für deutsche Literatur an der Universität anzutreten, gab er mit Stefan George die Zeitschrift „Blätter für die Kunst" und die Sammlung „Deutsche Dichtung" heraus. Der George-Kreis, dessen Angehörige eine Leidenschaft für antike und heidnische Mythen und Mysterien verband, traf sich regelmäßig in Wolfskehls Haus, natürlich in: Schwabing. Doch obwohl Wolfskehl sein Leben lang zu George und dessen sehr konservativen ästhetischen und politischen Vorstellungen hielt, war er auch mit fortschrittlicheren Künstlern und Gelehrten wie Franz Marc, Alfred Kubin, Else Lasker-Schüler, Walter Benjamin und Albert Schweitzer bekannt. Else Lasker-Schüler setzte in ihrem Roman „Der Malik" Wolfskehl ein literarisches Denkmal, wie zuvor bereits Franziska zu Reventlow in „Herrn Dames Aufzeichnungen" in der Figur des Prof. Hofmann.

Trotz Wolfskehls herausragender Stellung innerhalb der Schwabinger Literaten- und Künstlerkreise sah er sich immer wieder mit antisemitischen Anfeindungen konfrontiert. Nach der Machtergreifung der Nationalsozialisten 1933 emigrierte er in die Schweiz und von dort aus 1934 nach Italien. Die Annäherung zwischen Deutschland und Italien ab 1937 bewogen Wolfskehl dazu, sich nach Australien und schließlich nach Neuseeland einzuschiffen. Dort lebte er bis zu seinem Tode im Jahr 1948, verarmt und fast blind, als „Exul Poeta", wie auf auf seinem Grabstein zu lesen ist.

Wolfskehls bibliophiler Mitstreiter war Carl Georg von Maassen, ein Urenkel des gleichnamigen preußischen Finanzministers und Mitgründers des deutschen Zollvereins Karl Georg Maassen. Während seines Studiums der Rechtswissenschaften in München

Die Gründungsmitglieder der „Gesellschaft der Münchner Bibliophilen":

1 ◇ Karl Wolfskehl.

2 ◇ Rolf von Hoerschelmann (Selbstporträt).

3 ◇ Carl Georg von Maassen.

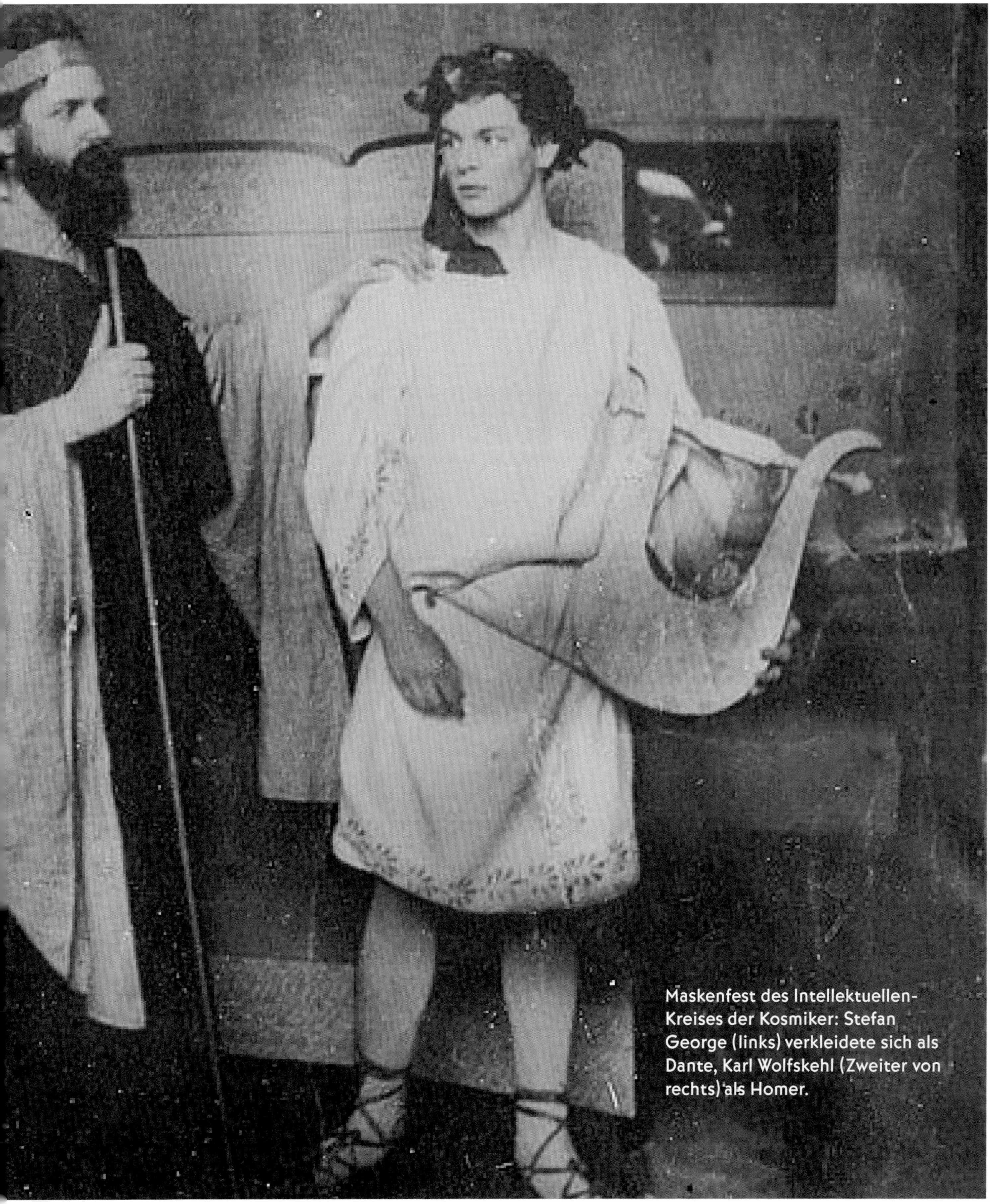

Maskenfest des Intellektuellen-Kreises der Kosmiker: Stefan George (links) verkleidete sich als Dante, Karl Wolfskehl (Zweiter von rechts) als Homer.

besuchte er, seiner wahren Leidenschaft folgend, vor allem germanistische Seminare, begann, seine Bibliothek aufzubauen und Kontakte zur bibliophilen Szene zu knüpfen. 1907 schlossen von Maassen und der Verleger Georg Müller einen Vertrag über eine 15-bändige historisch-kritische Ausgabe der Werke E.T.A. Hoffmanns. Schon im selben Jahr erschien der erste Band, den von Maassen fast ausschließlich selbst finanziert hatte. Sechs weitere Bände folgten in jährlichem Abstand.

Von Maassen war aber nicht nur ein Hoffmann-Kenner und -Fan, er versuchte auch, nach dessen Vorbild als Bohemien zu leben, was ihm augenscheinlich gut gelang. „Ich habe (E.T.A.) Hoffmann nicht gelesen, ich habe ihn gelebt", schreibt er in seinem 1927 erschienenen Essay „Wie ich zum Bibliophilen wurde". Den Tag begann er abends mit dem Frühstück, gesellte sich im Anschluss dem nächtlichen Schwabinger Treiben hinzu, um sich schließlich bis in die Morgenstunden seiner Bibliothek und seinen literarischen und journalistischen Aufgaben zu widmen. 185 belegte Feuerzangenbowlen-Abende zeugen von seinem regen sozialen Leben. Er verkehrte gern mit jungen Damen, die er – wie er es bezeichnete – „fing" und mit denen er hingebungsvolle Briefe schrieb, zumindest verwahrte er die Korrespondenz mit immerhin 48 Frauen in einem Ordner mit der Bezeichnung „Damen mit halben und ohne erotische Beziehungen". Er korrespondierte auch mit Joachim Ringelnatz, Max Halbe und Frank Wedekind.

Im Ersten Weltkrieg diente von Maassen als Soldat im Baltikum. Danach hatte er wegen der Inflation keine finanziellen Mittel mehr, um an sein Leben vor dem Krieg anzuschließen, und musste als Zeitungsjournalist und Herausgeber von Klassikerausgaben und -sammlungen arbeiten. In den Zwanzigerjahren unternahm er den Versuch, seine Edition der Werke Hoffmanns abzuschließen. 1925 erschien Band 8, 1928 die Bände 9 und 10. Doch die Zeiten waren schwierig und von Maassen hatte keine Energie mehr. Sein Werk blieb ein Torso. Im Dezember 1940 erlag er den Folgen eines Sturzes: In einem Schwabinger Lokal war er mit einem Hitler treu ergebenen Kellner in Streit geraten, von diesem mit einem Tritt vor die Tür gesetzt worden und hatte sich dabei schwer verletzt.

Ähnlich bibliophil veranlagt wie Wolfskehl und von Maassen und ein gern gesehener Gast auf den berühmt-berüchtigten Feuerzangenbowlen-Abenden des Letzteren war der Grafiksammler und Illustrator Rolf von Hoerschelmann. Der „kleine Hoerschel", wie seine Freunde den Kleinwüchsigen nannten, war wohl 1903 mit seiner verwitweten Mutter aus seiner Geburtsstadt Dorpat, dem heutigen Tartu (Estland), nach München gekommen. Von Thomas Mann wurde er in Anspielung auf die Tannhäusersage mit dem Spitznamen „Herr vom Hörselberg" ausgezeichnet.

Sein scharfzüngiger und bissiger Witz fand seinen Niederschlag in Illustrationen in von Maassens Gästebuch ebenso wie im „Simplicissimus". Im Café Stefanie an der Ecke zwischen Amalien- und Theresienstraße, dem Dreh- und Angelpunkt der Schwabinger

Boheme, war Hoerschelmann Stammgast und traf hier auf Mitglieder der Münchner Kunstszene wie Franziska Gräfin zu Reventlow, Joachim Ringelnatz, Max Halbe oder Erich Mühsam. In ebendiesem Café und im Zuge ihrer Tätigkeit für den „Simplicissimus" kreuzten sich die Wege Wolfskehls, von Maassens und von Hoerschelmanns – gemeinsam verkehrten sie nun in den Kreisen um Heinrich und Thomas Mann, Hermann Hesse und Stefan George. In der Wohnung in der Gedonstraße 8 in Schwabing, wo er zusammen mit seiner Mutter wohnte, hatte Hoerschelmann seine umfangreiche, im Laufe der Jahre anwachsende Grafiksammlung untergebracht. Scherzhaft beklagte er, dass er „nur die unteren anderthalb Meter" der Münchner Antiquariate kenne, da er nicht größer war.

Sowohl von Maassen als auch von Hoerschelmann besaßen zeitlebens umfangreiche und wertvolle Buch- und Grafiksammlungen, welche auch heute noch als Bestände in Münchner Bibliotheken und Museen einzusehen sind. Doch was Hingabe und Zuneigung zu Büchern betraf, blieb Karl Wolfskehl von allen anderen unübertroffen.

Ebenso wie Wolfskehl und von Maassen zählte auch von Hoerschelmann 1907 zu den Gründungsmitgliedern der „Gesellschaft der Münchner Bibliophilen". Die Sitzungen und Zusammenkünfte der bibliophilen Vereinigung wurden zwar stets von der hingebungsvollen Leidenschaft für Bücher à la Wolfskehl begleitet, doch kamen auch immer mehr Außenstehende hinzu, auf die die Vereinigung wegen ihrer legendären Feste eine große Anziehungskraft hatte und denen die Feiern wichtiger als die Bücher waren. Auch deswegen wurde der Verein sechs Jahre nach seiner Gründung im Jahr 1913 wieder aufgelöst. Das bibliophile Magnetfeld um Wolfskehl, von Maassen und von Hoerschelmann verlor jedoch nicht seine Anziehungskraft: Zehn Jahre später, 1923, kam es zu einer Neugründung, und dieses Mal, vor allem später unter dem Vorsitz Otto Deutsch-Zeltmanns ab 1927, schien der Balanceakt aus ernsthafter Büchergebenheit und Vergnügung zu gelingen.

Die Neugründung der Münchner Bücherfreunde 1923

„Wenn München an Liebenswürdigkeit und Bedeutung eingebüßt hat, so konnte das nur geschehen durch Entstellung und Verzerrung seines Angesichtes infolge eines Verhängnisses von Leiden, Kummer, Erniedrigung, Wirrnis und Seelenqual, an dem nicht nur München, sondern ganz Deutschland, ja ganz Europa mehr oder weniger teilhatte … Der unsterbliche, mehr oder weniger humoristisch gepflegte Gegensatz zum Norden, zu Berlin, hatte ganz anderen Sinn als heute. Hier war man künstlerisch und dort politisch-wirtschaftlich. Hier war man demokratisch und dort feudal militaristisch …"

(Thomas Mann, „Der Zwiebelfisch" Jahrgang 20, Heft 1, 1926/27)

Auf die grausamen Leiden des Ersten Weltkriegs folgten die sogenannten Goldenen Zwanziger. Nach der schweren Inflation erholte sich die Wirtschaft von den politischen Unruhen der Nachkriegszeit und erlebte ab der Währungsreform 1923 einen erneuten Aufschwung. Ebenso strebten die Menschen danach, die Schrecken und Entbehrungen des Krieges möglichst gründlich zu verdrängen. So entstand eine neue Massenkultur, beflügelt durch den sich etablierenden Rundfunk. Der Jazz erhielt Einzug in Deutschland, und mit ihm Tänze wie der Charleston oder der Shimmy. Zentrum aller Veränderung war zweifelsohne Berlin als strahlender Schauplatz der Goldenen Zwanziger. Die Menschen strömten in die zahllosen neuen Nachtlokale und bewunderten freizügig bekleidete Tänzerinnen wie Josephine Baker, die mit ihrem Bananenröckchen bis heute eine Ikone der Zwanzigerjahre ist. Ausschweifende Feste sollten die kaum zu stillende Vergnügungssucht der Bevölkerung bedienen. Die Schlagertexte wurden schmissiger, die Kleidung freizügiger und die Unterhaltungen verruchter. Auch die Kinos erlebten einen nie da gewesenen Andrang und die Deutschen begannen mit einem Mal, sich für Sportveranstaltungen wie Fußball oder Boxen zu interessieren, zuvor eher verpönt.

Nach dem Ersten Weltkrieg veränderte sich auch die Rolle der Frau in der Gesellschaft wie in der Arbeitswelt, zumindest in den Großstädten: Denn während die Männer im Krieg gewesen waren, hatten die Frauen gezeigt, was sie ohne sie konnten. Zu Beginn der Weimarer Republik wurde das Wahlrecht für Frauen eingeführt, eine der Hauptforderungen der Frauenbewegung. Auch die sexuelle Moral hatte sich durch die Abwesenheit der Männer gewandelt, und ab 1919 nahm die Zahl der Ehescheidungen stark zu: Während des Krieges übereilt geschlossene Ehen oder solche, in denen sich die Partner durch die lange Trennung oder Kriegstraumata entfremdet hatten, wurden geschieden.

Die sogenannte Neue Frau stammte meist aus großbürgerlichen oder adeligen Kreisen und hatte genug Geld, sich ganz dem Konsum, kultureller Unterhaltung und Freizeitbeschäftigungen zu widmen, wobei vor allen Dingen Sportarten aus dem angloamerikanischen Raum wie Tennis und Golf sehr beliebt waren; man rauchte und fuhr mit dem Automobil, trug Bubikopf und Flapperdresses. Berufstätige Frauen versuchten, diesen Trendsetterinnen nachzueifern, auch wenn ihre Lebensrealität oft ganz anders aussah. Mit der Wirtschaftskrise 1929 und den damit einhergehenden politischen Veränderungen fand dieser Lebensstil ein abruptes Ende.

Den Künstlern erschien es nach dem Krieg unmöglich, die bürgerlichen Illusionen aufrechtzuerhalten. Mit der „Neuen Sachlichkeit“ entstand eine Kunstbewegung, die Missstände ins Visier nahm. Es sollte ein realistisches und kritisches Bild der Wirklichkeit vermittelt werden. Architektur und Design wurden funktionaler, wie sich am neu gegründeten Bauhaus zeigte, und die Literatur bediente sich nicht länger romantisierender Vorstellungen, sondern machte schonungslos auf die herrschenden Zustände aufmerksam.

Durch die immense Anziehungskraft, die Berlin mit seinem schillernden Nachtleben ausübte, erlebte München die Abwanderung von Künstlern aller Richtungen. Auch kritische Schriftsteller wie Bertolt Brecht, Lion Feuchtwanger oder Heinrich Mann zog es in die Hauptstadt, wodurch die Zwanzigerjahre in München einen anderen Charakter bekamen. All die modernen Bewegungen gab es in Ansätzen auch hier, jedoch war das konservative und modernitätskritische Milieu deutlich ausgeprägter vertreten und bekam überdies kaum Gegenwind. Es gab zwar viele kleinere Varietés und Kabaretts auf privaten Bühnen, aber die staatlichen Theater wurden, ebenso wie die Kinos, von der strengen Zensur der Stadträte eingeschränkt, unter denen sich viele Nationalisten befanden. Die rauschenden Feste und der ungezwungene Übermut der Menschen fanden schließlich mit der Wirtschaftskrise von 1929 und dem beginnenden Nationalsozialismus ein abruptes Ende.

Die Herstellung und der Vertrieb von Büchern in München, die gesamte Buchproduktion in den Zwanzigerjahren, war weitaus weniger vielseitig und üppig als in den Jahrzehnten zuvor. Umso bedeutender war jedoch die Rolle Münchens, was Buchkunst und Pressendrucke betraf, also in traditionellem Hochdruckverfahren meist in Kleinserie und manuell hergestellte Bücher von hoher Qualität. Erwähnenswert ist in diesem Zusammenhang die Bremer Presse, die wohl mit Fug und Recht als die Bedeutendste ihrer Art in Europa zu dieser Zeit bezeichnet werden darf. Ludwig Wolde und Willy Wiegand hatten sie im Jahr 1913 gegründet, für Bücher in einer Auflage bis zu 250 Stück, deren Satz, Druck und Einband von Hand realisiert wurde, bibliophile Bücher mit wissenschaftlichem Anspruch, die mit ihren älteren Texten auf ein kunstsinniges Publikum zielten. Frieda Thiersch, Kunstbuchbinderin, Einbandgestalterin und Grafikerin, wurde Leiterin der Bremer Presse. Sie war maßgeblich an der Entwicklung der deutschen Buchkunstbewegung nach dem Ersten Weltkrieg beteiligt. Ihre schlichten, beinahe strengen Einbände bestimmten das Aussehen der Bände der Bremer Presse.

Vor dem Hintergrund des Niedergangs des Buchwesens in München mit Ausnahme der Buchkunst verwundert es nicht, dass die Münchner Bücherfreunde sich neu organisierten. „Es ist beabsichtigt, eine Gesellschaft der Münchner Bücherfreunde ins Leben zu rufen, die das Interesse am Buch der Gegenwart und Vergangenheit pflegen und eigene Veröffentlichungen herausgeben will …", so lautete die Einladung zur Gründungsversammlung am 12. März 1923 in die großzügigen Räumlichkeiten des Kurt Wolff Verlages im Georg-Hirth-Haus neben den Propyläen – der Name Kurt Wolff steht heute noch durch die nach ihm benannte Stiftung für gute Bücher aus unabhängigen Verlagen. Außer Horst Stobbe, der in seinen veröffentlichten Erinnerungen den Münchner Bücherfreunden ein Denkmal gesetzt hat, gehörten natürlich Carl Georg von Maassen und Rolf von Hoerschelmann zu den Gründungsmitgliedern, außerdem Carl Graf Klinckowstroem,

Fünf Mitglieder vom „Verein für Frauenstimmrecht", um 1896. Von links nach rechts: Anita Augspurg, Marie Stritt, Lily von Gizycki, Minna Cauer und Sophia Goudstikker.

Ernst Schulte-Strathaus, Hanns Floerke, Heinrich Ehlers, Günther Hildebrandt und Willy Wiegand, der Leiter der Bremer Presse.

Wolfskehl hatte sich zu dieser Zeit schon aufs Land zurückgezogen und erhielt wohl deswegen 1930 die Ehrenmitgliedschaft, wozu er sich am 10. April in einem Brief an Otto Deutsch-Zeltmann sehr launig äußerte: „In der Nominierung zum Ehrenmitglied der hochwohllöblichen, aus so viel Trägern höchster Kennerschaft zusammengesetzten Gesellschaft liegt eine Anerkennung meines eigenen bibliophilen Strebens und Wirkens, die ich, ohne in chinesische Floskeln zu verfallen, doch mehr als Ausdruck freundschaftlicher Gesinnung wie als ein Zeichen wirklichen Verdienstes ‚buche' – jedenfalls aber gern und dankesvoll entgegennehme. Und ich werde, das versichere ich, bemüht sein, in diese Anerkennung wenigstens hineinzuwachsen und vor allem den lieben und verehrten Münchner Bücherfreunden zu entsprechen."

Die Villa als Treffpunkt der Münchner Bücherfreunde

Nachdem Otto Deutsch-Zeltmann den Vorsitz der Münchner Bücherfreunde im Jahr 1927 übernommen hatte, war seine Villa, und hier vor allem die Bibliothek, ein wichtiger Ort des Vereinslebens. So weiß Horst Stobbe zu berichten: „Dr. Deutsch war bisher der stille, große Mäzen unseres Kreises gewesen. An den Veranstaltungen und Abenden hatte er fast regelmäßig teilgenommen und wusste die Aufmerksamkeit auf sich zu lenken. Er war Direktor der Darmstädter Bank in München. Im Herzogpark hat er inmitten eines schönen Gartens ein stattliches, immer gastfreies Haus, in dem seine Frau, eine verwitwete Freiin von Riedel, der Gastlichkeit noch eine besondere Note zu verleihen wusste. Angegliedert war ein Bibliotheksbau von beachtlicher Größe. Er war gefüllt mit schönen und seltenen Ausgaben der deutschen Literatur, besonders der klassischen und romantischen Zeit, und mit erlesenen Werken deutscher Buchkunst. Frieda Thiersch hatte die Drucke der Bremer Presse kostbar gebunden. Graf Klinckowstroem waltete hier als Bibliothekar und wusste Bücherfreunden die ihm anvertrauten Schätze charmant vorzulegen und die Seltenheit klug zu kommentieren. Deutsch hatte Freude an seinen Büchern, auch an ihrem Wert, ohne Zeit zu haben, sich zu vertiefen."

In ebendieser Bibliothek fand am 16. November 1927 eine außerordentliche Versammlung statt, in der es unter anderem um die Werbung neuer Mitglieder ging. Vor allem wurde jedoch eine Zusammenkunft mehrerer bibliophiler Vereine geplant, wofür ein Rundschreiben benötigt wurde. Hintergrund war ein möglicher Zusammenschluss der lokalen Vereine und Gesellschaften in Deutschland, mit dem Ziel, die Forschung zum Medium Buch und deren Förderung zu forcieren und die Interessen der Vereine zu bündeln. Dies sollte allerdings auf dieser Tagung nicht gelingen, da die Teilnehmer einen solchen Schritt aus organisatorischen Gründen nicht für notwendig erachteten; schließlich gab es bereits einen großen Verein in Deutschland, die „Gesellschaft der Bibliophilen zu Weimar", mit etwa 1200 Mitgliedern. Die Zeichen standen also eher auf Revision des ohnehin schon bestehenden Vereins als auf Schaffung einer neuen Institution.

Man kann sich vorstellen, welch schönen Rahmen die Villa dieser Veranstaltung gegeben haben muss. Namhafte Experten aus dem gesamten deutschsprachigen Raum wohnten der Diskussion bei. Folgt man den Erinnerungen Horst Stobbes, so soll Otto Deutsch-Zeltmann, der übrigens die Fahrtkosten der Teilnehmer nach München bezahlt hatte, enttäuscht über den Ausgang der Besprechung gewesen sein, habe aber keine Gefühlsregung nach außen gezeigt.

Neben diesem konkreten Arbeitsthema wurde die zweitägige Zusammenkunft im darauffolgenden Januar 1928 durch gesellige Runden und Vortragsveranstaltungen in der Bayerischen Staatsbibliothek sowie durch einen Empfang beim Oberbürgermeister im Rathaus ergänzt. Hierzu heißt es in den „Münchener Neuesten Nachrichten": „Auch die Stadt München hatte es sich nicht nehmen lassen, die Gäste der Münchner Bücherfreunde als ihre eigenen zu betrachten. Ein auf Initiative des Ersten Bürgermeisters vom Direktorium des Stadtrates in der großen Ratstrinkstube gegebenes Frühstück bildete den festlichen Abschluß der Tagung, von der Oberbürgermeister Scharnagl mit Recht sagen konnte, daß sie die Geistige Lebendigkeit Münchens erneut bewiesen habe." Man erkennt, was für einen Stellenwert der Verein und dessen Mitglieder in der Münchner Gesellschaft gehabt haben müssen. Sonst hätte auch eine große Tageszeitung wie die „Münchener Neuesten Nachrichten" nicht darüber berichtet.

Ein Höhepunkt im Vereinsleben war sicherlich die Ausstellung „Dichter und Dichterleben" im Jahr 1930; nicht nur hielt Oberbürgermeister Karl Scharnagl eine Rede, sogar Thomas Mann höchstpersönlich wohnte der Eröffnung bei. Die Ausstellung war gleichzeitig eine Sammlung zur literarischen Zeitgeschichte: Neben Erstdrucken wurden zahlreiche ergänzende Objekte wie Zeitschriften, Bilder und Plakate gezeigt. Sie war unter anderem Autoren wie Georg Conrad und Oskar Panizza, aber auch Stefan George und Thomas Mann und somit dem literarischen München der vergangenen Jahre gewidmet. Karl Scharnagl erwähnte in seiner Rede, dass später alle Zeugnisse gesammelt und archiviert werden würden; Horst Stobbe verbindet dies in seinen Erinnerungen mit der Gründung der Bibliothek Monacensia zwei Dekaden später. Laut Stobbe waren am letzten Tag der Ausstellung auch Autoren anwesend, die ihre Bücher signierten, vor allem aus dem sogenannten Kreis der Argonauten; die „Argonauten", 1924 von Ernst Penzoldt, Ludwig Friedrich Barthel und Josef Magnus Wehner gegründet, waren eine Schriftstellergruppe, die neue Impulse setzen und Einfluss auf das kulturelle und literarische Leben

Das geistige Zentrum der Villa und Treffpunkt der Münchner Bücherfreunde: die Bibliothek.

der Stadt nehmen wollten. Ihre Werke und ihr Schaffen waren ebenfalls Thema der Ausstellung.

Neben dem Engagement als Vorstand brachte sich Otto Deutsch-Zeltmann auch in die programmatische Arbeit der Gesellschaft ein. So soll auf ihn die Idee einer Ausstellung zum Thema „Das Buch der Welt von heute“ zurückgehen. Durch Ausstellungen das Wissen über Buchkunst und Bücher sichtbar zu machen war ein Hauptanliegen der Bücherfreunde, und mit dieser Ausstellung wollte man herausragende Zeugnisse der Buchkunst von 1918 bis 1930 aus der ganzen Welt präsentieren. Hierfür wurde eigens eine Kommission ins Leben berufen, die mit der Organisation betraut war und am 29. Januar 1931 bei Deutsch-Zeltmann zusammenkam. Leider jedoch verliefen die Planungen im Sand, da eine ähnliche Ausstellung bereits 1932 in Paris stattfinden würde. Man einigte sich, die Planung für ein Jahr auf Eis zu legen, doch 1933 gab es die Gesellschaft bereits nicht mehr.

Vorher fand noch eine letzte Ausstellung über die Schriftgießerei der Gebrüder Klingspor statt. Das Interesse war allerdings verhalten, der große Andrang blieb aus, obwohl Dr. Karl Klingspor höchstpersönlich zugegen war. In seiner Schriftgießerei in Offenbach am Main beschäftigte er Künstler wie Otto Eckmann, Peter Behrens, Otto Hupp, Rudolf Koch, Max Dorn und Walter Tiemann als Gestalter von Druckschriften. Klingspor war Mitglied der „Gesellschaft der Bibliophilen“ und Mitbegründer der „Frankfurter Bibliophilen Gesellschaft“.

Der mäßige Erfolg der Ausstellung war anscheinend ein böses Omen für die Zukunft der Münchner Bücherfreunde. Nach den Erinnerungen von Horst Stobbe war der Tag der Eröffnung das letzte Zusammentreffen, an dem Otto Deutsch-Zeltmann anwesend war.

Otto Deutsch-Zeltmann pflegte allerdings auch Kontakt zu Schriftstellern und Dichtern außerhalb der Gesellschaft der Münchner Bücherfreunde. So ist zum Beispiel bekannt, dass er Oskar Maria Graf in seine Villa in der Vilshofener Straße eingeladen hatte, als dieser einmal als Gast auf einer Veranstaltung der Bücherfreunde anwesend war. Auf die Frage Deutsch-Zeltmanns, wie es dem Herrn Graf denn auf der Veranstaltung gefallen habe, soll dieser erwidert haben: „Danke, nun habe ich euch Viecher auch mal kennengelernt.“

Ein weiterer bekannter Autor, mit dem Deutsch-Zeltmann korrespondierte, war Rudolf Alexander Schröder, 1899 Mitbegründer der Zeitschrift „Die Insel“, aus der zwei Jahre später der Insel Verlag hervorgehen sollte, und einer der Ideengeber zur Gründung der Bremer Presse. Deutsch-Zeltmann muss offenbar bei Schröder zu Gast in Bremen gewesen sein, denn als er brieflich eine Einladung zu einem Bierabend am 29. September absagt, bedauert er es, „nicht noch einmal in Ihrem entzückenden Heim sein zu dürfen“.

Zugleich bittet der Vorsitzende der Bücherfreunde um einen Anruf, wenn Schröder einmal in München sein sollte.

Daneben waren die Villa und die Bibliothek auch Treffpunkt für illustre Zusammenkünfte ohne inhaltlichen Tiefgang. So versammelten sich ein paar Bücherfreunde eines kalten Winterabends um den Kamin in der Villa. An diesem Abend war nach Auskunft von Horst Stobbe auch Carl Georg von Maassen anwesend und führte zusammen mit Karl Arnold ein „improvisiertes Spiel, teils in Versen, teils in Prosa“ auf. Bühne war hier die große Treppe des Hauses. Am Ende des Abends durfte sich jeder außerdem noch einen guten Tropfen aus dem Weinkeller aussuchen.

Auch Karl Wolfskehl war wohl ab und zu bei den Deutsch-Zeltmanns zu Gast. So schreibt er in einem Brief an Ottos Ehefrau Emma, dass er der „Einladung zum Vorlesungsnachmittag Wilhelm Schäfer … gern und dankend Folge“ leiste.

In die Vilshofener Straße wurde man auch gerne zu einer „kleinen Bowle“ gebeten, Gegeneinladungen fanden zu Bridge oder zum „Männerkaffee“ statt: „Lieber Herr von Maassen, Würden Sie mir die große Freude / bereiten, am Samstag ½ 9 h … zu einer Kleinen Bowle zu kommen. Wir sind an diesem Abend nur wenige Männer, die Ihnen alle gut bekannt sind. Mit freundlichen Grüßen Ihr ehrgeb.“, schrieb Otto Deutsch-Zeltmann etwa am 2. Dezember 1930 an Carl Georg von Maassen. Oder zwei Tage später: „Lieber Herr von Maassen! Ich danke Ihnen verbindlichst für Ihre freundl. Zeilen vom 3. crt. und freue mich sehr, dass Sie meiner Einladung Folge leisten. Sie sind zu jeder Stunde herzlichst willkommen. Leider ist es mir nicht möglich, Ihrem Männer-Kaffee anzuwohnen, da ich für Samstag Nachmittag [sic] bereits seit längerer Zeit zum Bridge verpflichtet bin. Ich hoffe aber sicher, dass Sie mich wieder einmal einladen; dann werde ich, wie ich sicherlich hoffe, keine Abhaltung haben. Mit ganz besonders herzlichen Grüssen verbleibe ich Ihr sehr ergebener …“

Gesellschaftliche Verpflichtungen

Als Bankier hatte Otto Deutsch-Zeltmann zusammen mit seiner Frau natürlich auch gesellschaftliche Verpflichtungen, die nichts mit Büchern zu tun hatten. Eine interessante zeitgeschichtliche Begebenheit berichtet Friedrich Freiherr Kreß von Kressenstein, ein bayerischer General und Orientkenner, in seinen Lebenserinnerungen: Er war am Abend von Hitlers Putschversuch am 8. November 1923 in der Villa von Otto Deutsch-Zeltmann zu Gast. „Ich verkehrte viel bei Dr. Deutsch, der meine alte Freundin, die geschiedene Baronin Riedel, geheiratet hatte …“ Von Otto, Emma und dem General gibt es auch ein Foto, das während eines Ausflugs auf den Wendelstein aufgenommen wurde.

I ◊ Melitta im schicken Zwanziger-Jahre-Outfit.

2 ◊ Melitta, Emma und Otto auf einer ihrer Reisen.

3 ◊ Otto Deutsch-Zeltmann im Jagdgewand.

2

3

1 ◊ Das frisch verliebte Paar Otto und Emma Deutsch-Zeltmann beim Tanzen in Tracht.

2 ◊ Otto mit seiner Stieftochter Melitta auf einer Reise in die USA.

3 ◊ Beim Skifahren.

4 ◊ Während einer Reise nach Afrika.

5 ◊ In Neuhaus am Tegernsee, wo man gerne das „Weekend" verbrachte.

3

4

5

Szenen im Garten der Villa:

1, 2 und 4 ◇ Die Deutsch-Zeltmanns mit Gästen in ihrem Garten.

3 ◇ Emma mit Hündchen auf der Terrasse.

3

4

1927 fand die Hochzeitsfeier der Stieftochter Otto Deutsch-Zeltmanns in der Villa statt. Melitta von Riedel (sie stammte aus der ersten Ehe von Emma) heiratete Joszi Paul von Gans.

Hochzeitsbankett in der Halle der Villa.

I

1 ◊ Das glückliche Paar.

2 ◊ „Farewell" vor der Villa.

3 ◊ Die Hochzeitsgesellschaft winkt mit weißen Taschentüchern.

2

3

An jenem Abend im November gab es eine große Gesellschaft, und der General wurde dort um 21:30 Uhr von seinem Bruder angerufen, der ihm mitteilte, dass Hitler geputscht, die Regierung für abgesetzt erklärt und sich selbst zum Reichskanzler ausgerufen habe. Otto Deutsch-Zeltmann lieh von Kressenstein sein Auto, um in die Kommandantur im Armeemuseum fahren zu können. Durch entschlossenes Handeln von von Kressenstein und anderen Offizieren konnte der Putsch am nächsten Tag niedergeschlagen werden – auch dank des Wagens von Otto Deutsch-Zeltmann.

Aber es gab auch Erfreuliches: Am 30. Juni 1927 stand ein besonders schönes Ereignis ins Haus, das Hochzeitsfrühstück für Emmas Tochter Melitta von Riedel und Joszi Paul von Gans. Die beiden hatten sich 1927 im Urlaub in St. Moritz kennengelernt. Joszi war der Sohn des Industriellen Paul Frederick von Gans und seiner Frau E(i)linka Freiin von Fabrice. Der Automobil- und Luftfahrtpionier Paul Frederick von Gans gilt als der Ideenträger der Internationalen Luftfahrt-Ausstellung, der heutigen Internationalen Luft- und Raumfahrtausstellung (ILA), und als „graue Eminenz" des Flugwesens. Bei Melitta und Joszi muss es Liebe auf den ersten Blick gewesen sein, denn nur wenig später verlobten sich die beiden, und bald sollten auch die Hochzeitsglocken läuten.

Gekonnt inszeniert steht die Gesellschaft für das große Hochzeitsfoto auf der Freitreppe im Garten der Villa still: die hübsche Braut mit üppigem Blumenhaarschmuck und sehr langem Schleier, ganz der Mode der Zwanzigerjahre entsprechend, den Blick fest in die Kamera gerichtet. An ihrer Seite der Bräutigam, der seine Frau stolz und verliebt ansieht. Neben ihm seine Mutter, E(i)linka Freiin von Fabrice, die Witwe des verstorbenen Flugpioniers. Links von der Braut ihre Mutter Emma und ihr Stiefvater Otto, Emma ebenfalls äußerst elegant gekleidet, Otto wie alle Herren herausgeputzt in Cutaway oder Stresemann, Gamaschen und weißen Einstecknelken.

Das Hochzeitsfrühstück fand in der großen Halle statt, alles war mit üppigem Blumenschmuck dekoriert. Beluga-Kaviar und Cantaloupe-Melone wurden gereicht, dazu Cocky-leckie Soup (so die Speisekarte, aber es müsste wohl Cock-a-leekie heißen, eine schottische Hühnersuppe mit Lauch), danach Krebse Berliner Art, Rehrücken mit frischen Champignons, kalte Poularde mit Estragon und Brüsseler Salat, Artischockenböden und Spargelspitzen sowie Parmesanstangen. Zum Dessert aß man Halbgefrorenes mit Erdbeeren und feines Backwerk. An Getränken wurden jeweils die passenden Weine, Champagner, Mokka und ein 1921er Henkell extra dry gereicht – schließlich war der Schwager der Braut ein Henkell!

Außer dem Festmahl gab es einen Empfang im Garten, und schlussendlich wurde das junge Paar in die Flitterwochen verabschiedet: Die Festgesellschaft versammelte sich vor der Villa und winkte den frisch Vermählten in der schicken Limousine mit weißen Taschentüchern zu.

Otto Deutsch-Zeltmann stiftete anlässlich der Hochzeit seiner Stieftochter zwei Bücher: zum einen „Das Fräulein von Rincken“, eine im Jahr 1926 in Leipzig erschienene Novelle von Wilhelm Schäfer. Sie war den Münchner Bücherfreunden gewidmet und wurde in einer Auflage von 300 Stück zusammen mit der Maximilian-Gesellschaft herausgegeben, deren Mitglieder ebenfalls Exemplare erhielten. Zum anderen das „Deutsche Liebes- und Ehebüchlein“, eine Sammlung von 54 Liedern von Dichtern wie etwa Simon Dach oder Ina Seidel. Das Buch ist prunkvoll ausgestattet: in Leder gebunden mit Goldprägung im Schuber und mit künstlerisch gestaltetem Vorsatzpapier. Es wurde bei Knorr & Hirth in München aus der Ehmcke-Fraktur gedruckt, persönlich überwacht von Prof. F.H. Ehmcke, der auch den Einband gestaltete. Die Bücher wurden durchnummeriert, die Impressumsseite wurde 200-mal einzeln gedruckt, jedes Mal mit einer eigenen Ziffer. Wahrscheinlich waren nicht alle 200 Exemplare so luxuriös ausgestattet, aber zumindest in die ersten war der Name derjenigen eingedruckt, für die das jeweilige Büchlein bestimmt war. Nummer 4 war übrigens das Exemplar der Brautmutter.

Kurz nach der Hochzeit nahm Joszi eine Stelle in Frankfurt an, wo auch die Töchter des Paares zur Welt kamen: Bianca, geboren 1928, und Isabelle, geboren 1932. Nachdem die Nazis an die Macht gekommen waren, wollte die Familie Deutschland verlassen, da Joszi zum Teil jüdischer Herkunft war. Sie zogen nach einer Zwischenstation in Berlin schließlich nach Wien. Dort ging allerdings die Ehe von Joszi und Melitta in die Brüche. Beide fanden neue Partner. Joszi emigrierte nach Australien. Die beiden Töchter aus der Ehe mit Melitta folgten ihrem Vater nach dem Krieg, eine blieb in Australien, die andere kehrte später nach Wien zurück. Joszi kam in den 1950er Jahren nach Deutschland zurück. Er starb 1963 in Düsseldorf, Melitta 1993 in München.

Nicht nur die Hochzeit ihrer Tochter beziehungsweise Stieftochter feierten die Deutsch-Zeltmanns standesgemäß. Ihr Leben scheint, blättert man durch die Familienalben, zumindest vor 1930 eine einzige Aneinanderreihung von Vergnügungen und Erbaulichkeiten gewesen zu sein. Da war zunächst einmal das Ferienhaus in Neuhaus am Tegernsee, wo man das „Weekend“ oder die Ferien verbrachte, sich mit Jagden, Kutschfahrten, Reiten, Badeausflügen (einmal sogar im Beisein eines beinahe nackten Olaf Gulbransson) und Berg- sowie Skitouren vergnügte, oder man lag einfach nur im Liegestuhl und genoss die prachtvolle Kulisse. Natürlich geschah all das in passender Kleidung, sei es in edler bayerischer Tracht oder Jagd- und Reitkostümen. In München ging man bummeln, besuchte Caféhäuser oder empfing Besucher auf der Terrasse der Villa.

In Begleitung von Melitta unternahm das Ehepaar zumindest zwei große Reisen, einmal in die USA mit dem Schiff SS Reliance und einmal nach Nordafrika. Melitta und der zukünftige Schwiegersohn der Deutsch-Zeltmanns, Joszi von Gans, waren auch auf Reisen innerhalb Europas, zum Beispiel nach Bellagio am Comer See, dabei.

Mit dem Schiff SS Reliance fuhren Otto und Emma Deutsch-Zeltmann mit Tochter Melitta in die USA.

RELIANCE

Otto Deutsch-Zeltmann mit seinen Stieftöchtern.

Auflösung der Münchner Bücherfreunde

1931 fand die letzte Versammlung der Gesellschaft statt, die unheilvollen politischen Ereignisse der Zeit verdrängten die heitere und ausgelassene Stimmung auf den Zusammenkünften. Nicht zuletzt die persönliche Situation jüdischer Vereinsmitglieder in Anbetracht der sich anbahnenden antisemitischen und rassistischen Repressionen des nationalsozialistischen Regimes führte zum Ende der Gesellschaft der Münchner Bücherfreunde. Auch Emma und Otto Deutsch-Zeltmann hatten jüdische Vorfahren.

Der Verleger Friedrich Oldenburg berichtete 1929, „daß keine bedeutende Buchhandelsstadt durch den wirtschaftlichen Niedergang während und nach dem Kriege so getroffen wurde wie München. Wir dürfen uns nicht verhehlen, dass die Zeiten des Buchhandels in München und Bayern z. Zt. keine goldenen sind. Wohl wissen wir, dass man allenthalben im Deutschen Reich unter dem Rückgang nicht nur der Kaufkraft, sondern auch dem Fehlen der Neigung zu beschaulichem Lesen leidet; trotzdem wäre es töricht zu verkennen, dass gerade in Bayern und seiner Hauptstadt die Verhältnisse besonders schwierig sind." Außerdem erschwerte die finanzielle Situation der Mitglieder wie auch des Vorstandes Otto Deutsch-Zeltmann angesichts der Wirtschaftskrise den Erhalt des Vereinslebens.

Otto Deutsch-Zeltmanns Berufsleben und Mäzenatentum

Otto Deutsch-Zeltmanns Berufsleben, das mittels zahlreicher Wirtschaftsmeldungen aus Tageszeitungen nachgezeichnet werden kann, lässt sich als Erfolg bezeichnen; er schaffte es vom einfachen Geschäftsführer einer Zweigniederlassung in der Pfalz zum Bankdirektor der Münchner Filiale einer deutschlandweit tätigen Bank und zu wichtigen Posten in zahlreichen Aufsichtsräten deutscher Unternehmen.

Über seine frühen Berufsjahre ist wenig bekannt. 1903 war er bereits in einem Bankgeschäft, der Firma „Ed. Loeb u. Co.", beschäftigt. Ein Jahr später wurde Otto Deutsch in den Aufsichtsrat der „Teigwarenfabrik AG Homburg v.d.H. (Gebr. Morr) und Lambrecht" gewählt. Inzwischen war er Bankdirektor und Inhaber des Bankgeschäfts „Eduard Loeb" in Neustadt an der Haardt, seiner Geburtsstadt. Als Bankdirektor war er eng mit der regionalen Wirtschaft verbunden, was ihm unter anderem Aufsichtsratsposten in der „Parkbrauereien Zweibrücken-Pirmasens AG", der „Ad. Deidesheimer AG" und der „Neustadter Mosaikplatten-Fabrik" – an deren Gründung er auch beteiligt war – einbrachte. 1907 erfolgte eine Umstrukturierung seiner Bank: Die Filialen in Neustadt und Landau in der Pfalz wurden von der „Bank für Handel und Industrie", deren Kommandite sie bis dahin gewesen waren, zu Zweigniederlassungen ohne eigenen Namen umgewandelt, wobei Otto Deutsch zusammen mit einem gewissen Ernst Tritscheler Geschäftsführer der Zweigstelle Neustadt blieb.

Der „Bank für Handel und Industrie" sollte Otto Deutsch-Zeltmann über nahezu 25 Jahre bis zu ihrem Konkurs durch die Bankenkrise im Jahr 1931 treu bleiben. Das Geldhaus wurde 1853 in Darmstadt gegründet, weshalb es oft auch als „Darmstädter Bank" bezeichnet wird. In der politisch und wirtschaftlich turbulenten Zeit nach dem Ersten Weltkrieg kam es am 26.November 1921 zu einem Zusammenschluss der „Darmstädter Bank" und der „Nationalbank für Deutschland Kommanditgesellschaft auf Aktien". 1922 konnte nach Ausräumung aller rechtlichen Hürden die Fusion zur „Darmstädter und Nationalbank Kommanditgesellschaft auf Aktien" (Danat-Bank) abgeschlossen werden. Erster Leiter der neuen Großbank in Deutschland war Hjalmar Schacht – später Reichsbankpräsident und ab 1934 nationalsozialistischer Wirtschaftsminister. Durch die Weltwirtschaftskrise ab 1929 und die damit einhergehenden Aktieneinbrüche sowie Kreditausfälle kam es schließlich am 13.Juli 1931 zum Bankrott der „Danat-Bank". Die Bankenkrise in Deutschland nahm ihren Lauf.

Doch zurück nach Neustadt, von wo aus Otto Deutschs Berufsweg ihn in das etwas größere Wiesbaden führte. Hier übernahm er etwa um 1917 ebenfalls die Direktion einer Filiale der Darmstädter Bank. Mitte 1922 wechselte er nach München, wo er spätestens ab Oktober 1922 wiederum Filialdirektor war. Und er gewann neue Aufsichtsratsposten, etwa bei der „Portland-Zementfabrik Karlstadt a.M." oder der „Lüdenscheider Metallwerke AG vorm. Jul. Fischer & Basse", die militärischen Bedarf wie Feldflaschen fertigte. Durch seine Position als Bankdirektor war er bei Unternehmen verschiedenster Branchen ein sehr gefragter Aufsichtsrat, und seine Tätigkeit lässt sich bei einigen von ihnen über viele Jahre nachverfolgen. Doch nicht immer war Otto Deutsch-Zeltmann einfach nur Aufsichtsratsmitglied, er übernahm auch die Leitung von Generalversammlungen, beispielsweise bei der „Jooss Söhne & Cie. AG für Hoch- Tief- und Eisenbetonbau München". Besonders wichtig scheint seine Rolle bei der „Kölsch-Fölzer-Werke AG" gewesen zu sein, die aus einem Zusammenschluss mehrerer Industrieunternehmen aus dem Siegerland, darunter Walzwerken, Metallgießereien und Schmieden, im November 1921 hervorgegangen war. Die maßgebliche Initiative hierbei ging von der Darmstädter Bank mit ihrer Filiale Wiesbaden unter der Leitung von Otto Deutsch-Zeltmann aus, die die Aktienmehrheit an „Kölsch & Co" erwarb.

Alles in allem scheint Otto Deutsch-Zeltmann nicht nur die Zeit des Ersten Weltkriegs, sondern auch die wirtschaftlichen Krisen in der Weimarer Zeit gut überstanden zu haben. Erst der Bankrott der Danat-Bank führte zu privaten finanziellen Schwierigkeiten. Einige Aufsichtsratsposten konnte er aber über das Jahr 1931 hinaus beibehalten.

Die Darmstädter Bank und damit sein Münchner Büro befand sich in der Ottostr. 4, direkt neben der Alten Börse. Dort verfügte er zudem über ein Privatsekretariat, welches in seiner Abwesenheit auch geschäftliche Korrespondenzen übernahm, denn er war oft auf Reisen: „Von Herrn Dr. Deutsch habe ich bis jetzt … nichts gehört, er ist leider öfters verreist, wodurch manche Verzögerung entsteht …", so ein Kollege aus dem Aufsichtsrat der Gritzner Kayser AG, vermutlich Julius Gritzner.

Otto Deutsch-Zeltmanns Korrespondenz beweist, dass es seine Art war, beinahe freundschaftlich Geschäftsbeziehungen zu unterhalten. So schreibt er an den Aufsichtsrat der Gritzner Kayser AG Nicolai: „Lieber Herr Nicolai! Zunächst möchte ich Ihnen den Vorschlag machen, daß formelle sehr geehrter Herr Doktor für die Zukunft weg zu lassen und mir die Freiheit zu erlauben, daß ich wie oben die Anschrift gebrauche. Wir sind doch wirklich schon Jahre lang gut befreundet, sodass es der Titel nicht mehr bedarf. Also wenn Sie damit einverstanden sind, werden wir die Angelegenheit in Zukunft so halten wie ich eben vorgeschlagen habe … Ich möchte Ihnen nur noch sagen, wie sehr ich mich freue wieder einmal gemütlich mit ihnen zusammen zu sein, und verbleibe inzwischen mit freundlichen Grüßen von Haus zu Haus."

Neben Otto Deutsch-Zeltmanns Engagement für die schönen Künste war er auch ein Förderer der Wissenschaften. So ist bekannt, dass er an der juristischen Fakultät der Universität Heidelberg im Jahr 1922 eine Stiftung gründete, die dem Bereich Internationales Recht zugutekommen sollte. Hierfür brachte er 2 Millionen Mark auf.

Darüber hinaus war der Bauherr der Villa am Herzogpark seit 1928 Mitglied in der Kaiser-Wilhelm-Gesellschaft, die bereits 1911 gegründet worden war und die Forschung im naturwissenschaftlichen Bereich auch außerhalb der Universitäten forcieren sollte, um Deutschland im internationalen Vergleich konkurrenzfähig zu halten. Aus ihr ging später die Max-Planck-Gesellschaft mit ihren renommierten Instituten hervor.

Im Jahr 1931 musste Deutsch-Zeltmann seine Mitgliedschaft aus wirtschaftlichen Gründen kündigen. Daraufhin bot man ihm an, die Beiträge zu stunden, um ihn als Mitglied zu halten. Seinen Verbleib in der Gesellschaft sah er jedoch kritisch: „Bei dieser Gelegenheit erlaube ich mir aber die höfl. Anfrage, wie es in der Kaiser-Wilhelm-Gesellschaft mit dem Arier-Paragraphen aussieht. Ich bin zwar evangelisch, habe aber aufgrund der z.B. im Beamtengesetz niedergelegten Bestimmungen kein Recht mehr, mich als Arier zu bezeichnen. Ich bitte Sie um Entschuldigung, wenn ich Ihnen diese Mühewaltung verursache …", schrieb er im März 1935 an Dr. von Cranach, den Ersten Geschäftsführenden Direktor der Kaiser-Wilhelm-Gesellschaft.

1934 trat er endgültig aus der Gesellschaft aus. Wieder gab er wirtschaftliche Gründe an, äußerte sich in einem Brief an Cranach allerdings wie folgt: „Aber ich möchte vertraulich hinzufügen, daß nicht allein die Gründe, die ich Ihrem hochverehrten Herrn

Präsidenten, Herrn Geheimrat Plank für meinen Austritt mitgeteilt habe, allein für diesen massgebens waren. Ich habe in der letzten Zeit so viele peinliche und kränkende Dinge persönlich erlebt, daß ich in diesem Falle eigentlich das Prävenire spielen wollte, um nicht doch letzten Endes einmal die Aufforderung zu erhalten, meine Mitgliedschaft niederzulegen. Sie werden mir zwar sagen, daß dies in der Kaiser-Wilhelm-Gesellschaft nicht möglich sein wird, aber ich kann Sie versichern, daß es in anderen Gesellschaften, die nichts mit der Wirtschaft zu tun haben, ebenfalls passiert ist. Wie gesagt wollte ich doch lieber in diesem Falle der Vorsichtige sein."

Verkauf der Villa

Nach dem Bankrott der Darmstädter Bank 1931 verkaufte Emma – so erzählt man es sich in der Familie bis heute – einen sehr wertvollen Ring, den ihr Otto geschenkt hatte, um mit dem Erlös in der Danziger Straße 15 in Schwabing ein recht bescheidenes Reihenhaus zu erwerben. Am 9. September 1936 meldete sich Otto Deutsch-Zeltmann in der Vilshofener Straße ab und in der Danziger Straße an, die Ummeldung seiner Frau Emma folgte am 29. April 1937. Im Frühsommer desselben Jahres verkaufte Otto Deutsch-Zeltmann seine Villa für 73 000 Reichsmark an Charlotte Bernheimer. Wenige Monate später, am 12. September 1937, verstarb er, wie in einer der Todesanzeigen stand, nach langer Krankheit.

Mindestens zwei Todesanzeigen erschienen in der „Frankfurter Zeitung"; eine vom Aufsichtsrat und Vorstand der „Metall-, Walz- und Plattierwerke Hindrichs-Auffermann Akt. Ges. Wuppertal-Oberbarmen". Otto Deutsch-Zeltmann hatte dem Aufsichtsrat 20 Jahre lang angehört. „Er war eine umsichtige, zielbewusste Persönlichkeit mit großen Erfahrungen und wurde in unserer Verwaltung hochgeschätzt." Er wurde „aus einem arbeitsreichen Leben heraus durch den Tod abberufen". Eine zweite Anzeige wurde von der „Philipp L. Fauth Aktiengesellschaft, Wiesbaden", einer Firma für industrielle Fette und Waschmittel, geschaltet und bezeichnete ihn als „treuen Förderer, Freund und Berater" des Unternehmens.

Noch am 22. März 1929 hatte er sein Testament geändert und verfügt, dass Emma seine Universalerbin sein sollte. Nach seinem Tod, als seine Tochter Melitta in Vertretung ihrer Mutter der Testamentseröffnung beiwohnte, war von seinem Vermögen nichts mehr geblieben. Beerdigt wurde er auf dem Nordfriedhof im Gräberfeld 201, Reihe 1, Grabnummer 0005. 2008 wurde das Grab aufgelöst.

Emma war ein längeres Leben beschieden, das sie, häufig im Kreise ihrer Familie und stets umgeben von Hunden, bis zu ihrem Tod am 25. Mai 1965 in München verbrach-

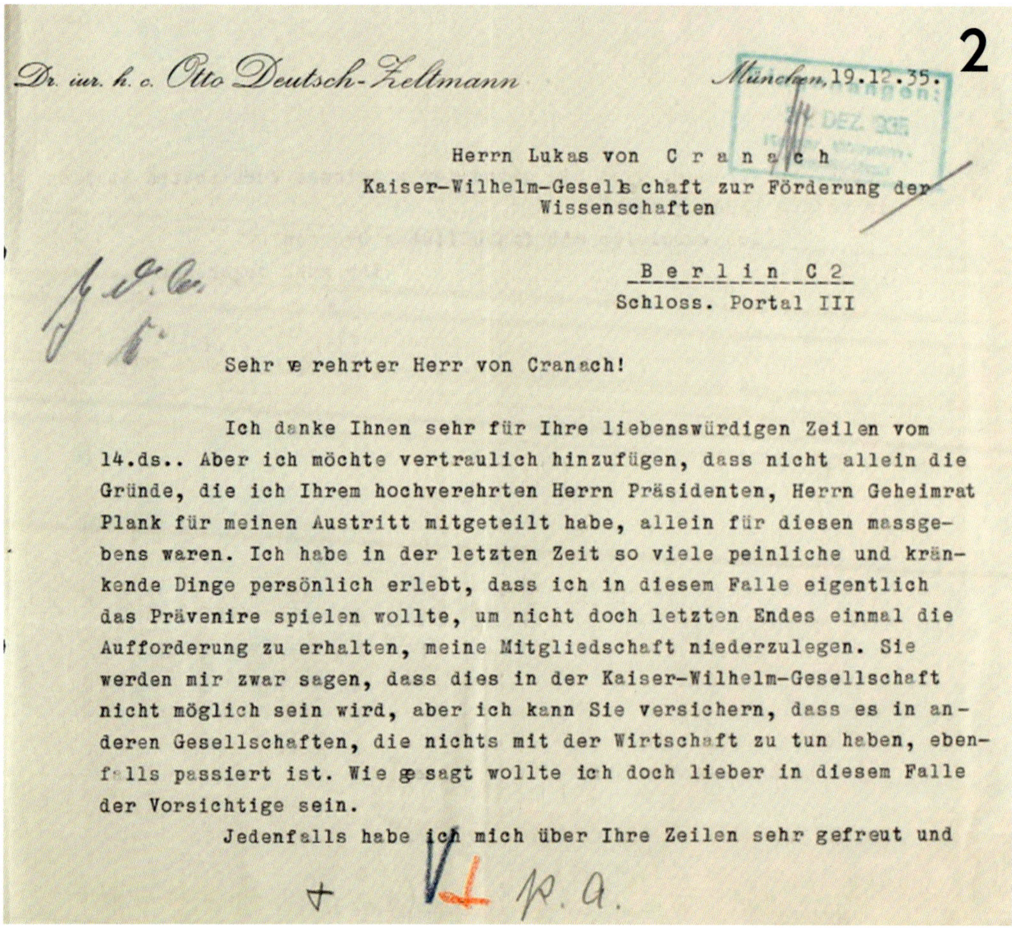

Dr. iur. h. c. Otto Deutsch-Zeltmann München, 19.12.35.

Herrn Lukas von C r a n a c h
Kaiser-Wilhelm-Gesellschaft zur Förderung der Wissenschaften

B e r l i n C 2
Schloss. Portal III

Sehr verehrter Herr von Cranach!

Ich danke Ihnen sehr für Ihre liebenswürdigen Zeilen vom 14.ds.. Aber ich möchte vertraulich hinzufügen, dass nicht allein die Gründe, die ich Ihrem hochverehrten Herrn Präsidenten, Herrn Geheimrat Plank für meinen Austritt mitgeteilt habe, allein für diesen massgebens waren. Ich habe in der letzten Zeit so viele peinliche und kränkende Dinge persönlich erlebt, dass ich in diesem Falle eigentlich das Prävenire spielen wollte, um nicht doch letzten Endes einmal die Aufforderung zu erhalten, meine Mitgliedschaft niederzulegen. Sie werden mir zwar sagen, dass dies in der Kaiser-Wilhelm-Gesellschaft nicht möglich sein wird, aber ich kann Sie versichern, dass es in anderen Gesellschaften, die nichts mit der Wirtschaft zu tun haben, ebenfalls passiert ist. Wie gesagt wollte ich doch lieber in diesem Falle der Vorsichtige sein.

Jedenfalls habe ich mich über Ihre Zeilen sehr gefreut und

te. Im Juni 1945 wurden die Reihenhäuser in der Danziger Straße von den Amerikanern beschlagnahmt, und Emma musste ihr Haus verlassen. Baron Kreß von Kressenstein erinnert sich am 7. Juni 1945: „Emma Deutsch hatte mich gestern Nachmittag zum Thee eingeladen. Als ich hinkam, fand ich sie in tiefster Bestürzung und Auflösung. Die Amerikaner hatten ihr um 12 mittags eröffnet, daß sie bis 3 Uhr nachmittags ihr Haus räumen müsse. Alle die hübschen Reihenhäuser in der Danziger Straße mit Ausnahme des Hauses eines hinter dem roten Kreuz versteckten Zahnarztes sind von den Amerikanern beschlagnahmt worden. Von ihren Töchtern hat Emma Deutsch natürlich auch keine Nachricht."

Wenige Tage später schreibt er: „Emma Deutsch durfte wieder in ihr Haus zurück und ihre in Tölz untergestellten Möbel holen. Ihren schönen, großen Teppich im Wert von RM 10 000 haben die Amerikaner gestohlen."

1 ◊ Massenandrang bei der Berliner Sparkasse nach Schließung der Banken, 13. Juli 1931.

2 ◊ Otto Deutsch-Zeltmanns Schreiben an die Kaiser-Wilhelm-Gesellschaft seinen Austritt aus derselben betreffend.

3 ◊ Emma Deutsch-Zeltmann im Alter mit Hündchen. Sie überlebte ihren Mann Otto um beinahe 30 Jahre.

Kapitel

3

Bitter enttäuschte Hoffnungen

OTTO UND CHARLOTTE BERNHEIMER (1937 – 1955)

Wir schreiben das Jahr 1937. Es war eine schicksalhafte Zeit in der deutschen Geschichte, in der die Villa in der Vilshofener Straße 8 ihre Besitzer wechselte. Die Welt verdüsterte sich, und auch die Nachbarschaft im Herzogpark erhielt mit der zunehmenden Macht der Nationalsozialisten einen neuen Charakter. Die Familien Mann und Hallgarten sowie Bruno Frank, Hertha von Hagen und Gustl Waldau waren ins Exil geflohen, Adolf von Hildebrand und Alfred Walter von Heymel waren bereits verstorben.

Stattdessen zog Karl Haushofer, ein Generalstabsoffizier und Professor für Neue Kriegsgeschichte an der Bayerischen Kriegsakademie, 1927 in die Kolbergerstraße 18. Haushofer war einer der frühen Sympathisanten Adolf Hitlers, besuchte diesen mehrfach während dessen Haft in Landsberg und gilt als Initiator von Hitlers Ostpolitik. Er pflegte eine enge Freundschaft zu Rudolf Heß, durch den seine Stellung in der Partei zunächst sehr gefestigt wurde. Haushofers Frau Martha wurde sogar trotz ihrer teilweise jüdischen Abstammung zur „Ehrenarierin" erklärt. Nachdem aber Heß in Ungnade gefallen war, weil er hinter Hitlers Rücken mit den Alliierten verhandelte, wurde Karl Haushofer 1944 verhaftet und im Konzentrationslager Dachau interniert. Sein Sohn Albrecht war an dem Attentat auf Hitler vom 20. Juli 1944 beteiligt und wurde ermordet. Er machte seinen Vater mit dafür verantwortlich, dass Hitler die Macht hatte an sich reißen können. Haushofer überwand seine Schuld und den Tod seines Sohnes wohl nie richtig und nahm sich 1946 gemeinsam mit seiner Frau das Leben.

Auch Ernst „Putzi" Hanfstaengl, der ebenfalls zu Hitlers frühen Unterstützern zählte, zog bereits 1923 an den Herzogpark. Hitler verkehrte häufig im Salon seiner Schwester Erna Hanfstaengl und beabsichtigte angeblich sogar, die Dame zu heiraten. „Putzi" Hanfstaengl aber machte sich nicht nur durch seine Schwester oder regelmäßige Geldzuwendungen beim Führer beliebt, er spielte ihm überdies Wagner-Opern auf seinem Flügel vor und komponierte anlässlich der Machtergreifung eine „Hitler-Suite". 1931 wurde er von Hitler persönlich zum Chef der Auslandspresse bestimmt, was ihm wenig Sympathie bei den Parteigenossen einbrachte. Im Februar 1937 verübte man einen von Göring initiierten Anschlag auf ihn, den er nur mit Glück überlebte. Daraufhin floh er nach London und verbrachte den gesamten Krieg in englischer und amerikanischer Gefangenschaft.

Die neuen Eigentümer der Villa am Herzogpark, Charlotte und ihr Ehemann, der Kunsthändler Otto Bernheimer, hatten 1905 geheiratet. Charlotte war die Tochter des Geheimrats Samuel Guttmann, Seidenfabrikant aus Nürnberg, und seiner Frau Clara. Die Hochzeitsreise führte die beiden nach Norwegen und Spitzbergen. Ein kurz nach der Hochzeit von Otto erworbenes Haus in Feldafing mussten sie gezwungenermaßen verkaufen, da dort mehrere Häuser zur „Reichsoberschule Feldafing", einer Oberschule im nationalsozialistischen Schulsystem, zusammengefasst werden sollten. Die Wohnsituation war, ebenso wie in der Münchner Innenstadt, aufgrund der andauernden Präsenz

Die Nachbarschaft am Herzogpark erhielt mit zunehmender Macht der Nationalsozialisten einen anderen Charakter:

1 ◊ Karl Haushofer (hier im Bild mit Rudolf Hess), einer der frühen Sympathisanten Adolf Hitlers, und seine Frau zogen in die Kolbergstraße 18.

2 ◊ Ernst Hanfstaengl (links im Bild), Freund von Adolf Hitler, zog 1923 an den Herzogpark.

der Nationalsozialisten unerträglich geworden: „Durch die fortwährenden Störungen, die Umzüge mit Hakenkreuzfahnen, besonders über den Lenbachplatz, war für mich das Wohnen im Geschäftshaus fast unmöglich geworden, ebenso auch in Feldafing", erinnerte sich Otto Bernheimer. Die Hoffnung war, dass sich das Leben in Bogenhausen etwas ruhiger gestalten würde.

Die Geschichte der Firma Bernheimer

Die Geschichte der Firma Bernheimer begann im 19. Jahrhundert in München. 1864 kaufte Lehmann Bernheimer, Ottos Vater, die Textilfirma Robert Warschauer und gründete daraufhin sein Geschäft „L. Bernheimer". Bereits Lehmanns Vater hatte einen Textilstand auf der Münchner Jakobidult betrieben. Florierende Geschäfte und die Ausrichtung der Firma auf den Kunsthandel unter Lehmann Bernheimer führten dazu, dass das Unternehmen 1882 unter König Ludwig II. zum Königlichen Hoflieferanten ernannt wurde, vor allem für Textilien zur Innendekoration und Orientteppiche sowie Kunstgegenstände. Schon König Ludwig I. war Kunde von Ottos Vater gewesen – immer auf der Suche nach Brabanter Tuch. Alles, was Rang und Namen hatte, kaufte nun bei Bernheimer ein, nicht nur das bayerische Königshaus, sondern auch Vertreter des europäischen Hochadels sowie Museen, Unternehmer, Künstler und Sammler. Otto Bernheimer wusste Interessantes von seinen Kunden zu berichten. So pflegte die Frau des Komponisten Richard Strauss ihrem Mann in Bernheimers Geschäft zu erklären: „Laß mich nur machen, du verstehst ja doch nichts." Und Kronprinz Rupprecht habe immer mindestens zwei bis drei Stunden im Geschäft verbracht, sodass man annehmen musste, er hätte als Kunstexperte leicht Bernheimers Platz einnehmen können.

1887 wurde das prachtvolle Bernheimer-Palais am Lenbachplatz, das heute noch Münchens Erscheinungsbild prägt, als Wohn- und Geschäftshaus errichtet. In den 1890er Jahren traten die Söhne Lehmanns, Otto sowie seine Brüder Max und Ernst, in die Firma ein. Nach der Hochzeit von Otto und Charlotte 1905 lebten die beiden zunächst im Palais am Lenbachplatz. Während der folgenden Jahrzehnte wurden das Warenangebot des Unternehmens ebenso wie die Räumlichkeiten ausgebaut.

Auch Prof. Alfred Pringsheim, Thomas Manns Schwiegervater, war Kunde bei den Bernheimers. Als Thomas Mann 1905 Katia Pringsheim heiratete, traute der Schwiegervater dem jungen Paar nicht zu, die erste gemeinsame Wohnung standesgemäß einzurichten, und ging mit seiner Tochter zu Bernheimer. Hier wurde auch der Schreibtisch erworben, der Thomas Mann sein Leben lang begleiten sollte: ins Exil nach Pacific Palisades und zurück in die Schweiz nach Kilchberg am Zürichsee. Im „Doktor Faustus" wird die

1 ◊ Charlotte und Otto Bernheimer 1905.

2 ◊ Lehmann Bernheimer wurde 1882 zum Königlichen Hoflieferanten ernannt.

Firma Bernheimer übrigens erwähnt: im Zimmer des Protagonisten Adrian Leverkühn befindet sich ein „sehr tiefer, mit grauem Samt bezogener, bei Bernheimer in München erworbener Lese- und Ruhestuhl".

Auch auf der Ausstellung „Meisterwerke muhammedanischer Kunst" 1910 in München auf der Theresienhöhe waren Bernheimers zu finden, prominent vertreten durch Ottos Bruder Max. Hier war er unter anderem an der „Karawanserei" beteiligt, die die Ausstellung für das breite Publikum attraktiver machen sollte: In einem ehemaligen Weinhaus auf dem Ausstellungsgelände wurden klassische Techniken „muhammedanischer Kunst" präsentiert, wofür extra Handwerker und Teppichknüpferinnen nach München gebracht wurden, damit diese vor den Augen der Besucherinnen und Besucher ihrem Kunsthandwerk nachgehen und die Werke gleich vor Ort verkauft werden konnten. Die Teppichknüpferinnen stammten aus der Werkstatt des osmanischen Sultans, zu deren Kunden seinerzeit auch der schwedische König gehörte. Nach Lehmanns Tod im Jahr 1918 führten die Söhne die Firma weiter, die sowohl die Inflation von 1923 als auch die Weltwirtschaftskrise ab 1929 überstand. Nachdem Ottos Bruder Max 1933 verstorben war, wurde die Firma in eine Kommanditgesellschaft umgewandelt.

Die Firma Bernheimer während des Nationalsozialismus

„Ich muss sagen, Sie haben schöne Sachen."
(Hermann Göring zugeschrieben, zu Otto Bernheimer, ca. 1936)

Das dunkelste Kapitel der deutschen Geschichte, die Zeit des Nationalsozialismus, ging auch an der Firma Bernheimer nicht spurlos vorüber. Als jüdische Familie litten die Bernheimers besonders unter den Repressalien der Nazis. Bereits kurz nach der Machtergreifung Hitlers wurden jüdische Gewerbe boykottiert, darunter auch die Kunsthandlung der Familie Bernheimer sowie 600 weitere Münchner Geschäfte. Zwei Jahre später wäre die Firma beinahe Opfer eines Angriffes der SA geworden, jedoch war das Haus als Sitz des mexikanischen Konsulats geschützt – Otto hatte das Amt eines Honorarkonsuls inne.

Die Geschäftszahlen konnten in den darauffolgenden Jahren dennoch gesteigert werden, was wahrscheinlich auch damit zusammenhing, dass das Naziregime verdeckt bei Bernheimer einkaufte. Von Otto Bernheimer persönlich ist die Geschichte überliefert, dass Göring auf der Suche nach Teppichen einen ganzen Nachmittag bei ihm im Geschäft verbracht habe – obwohl es NSDAP-Mitgliedern untersagt war, jüdische Geschäfte aufzusuchen. Und entgegen der Annahme Bernheimers, Göring würde sich für deutsche Teppiche interessieren, entschied sich dieser unter anderem für einen „Chinateppich".

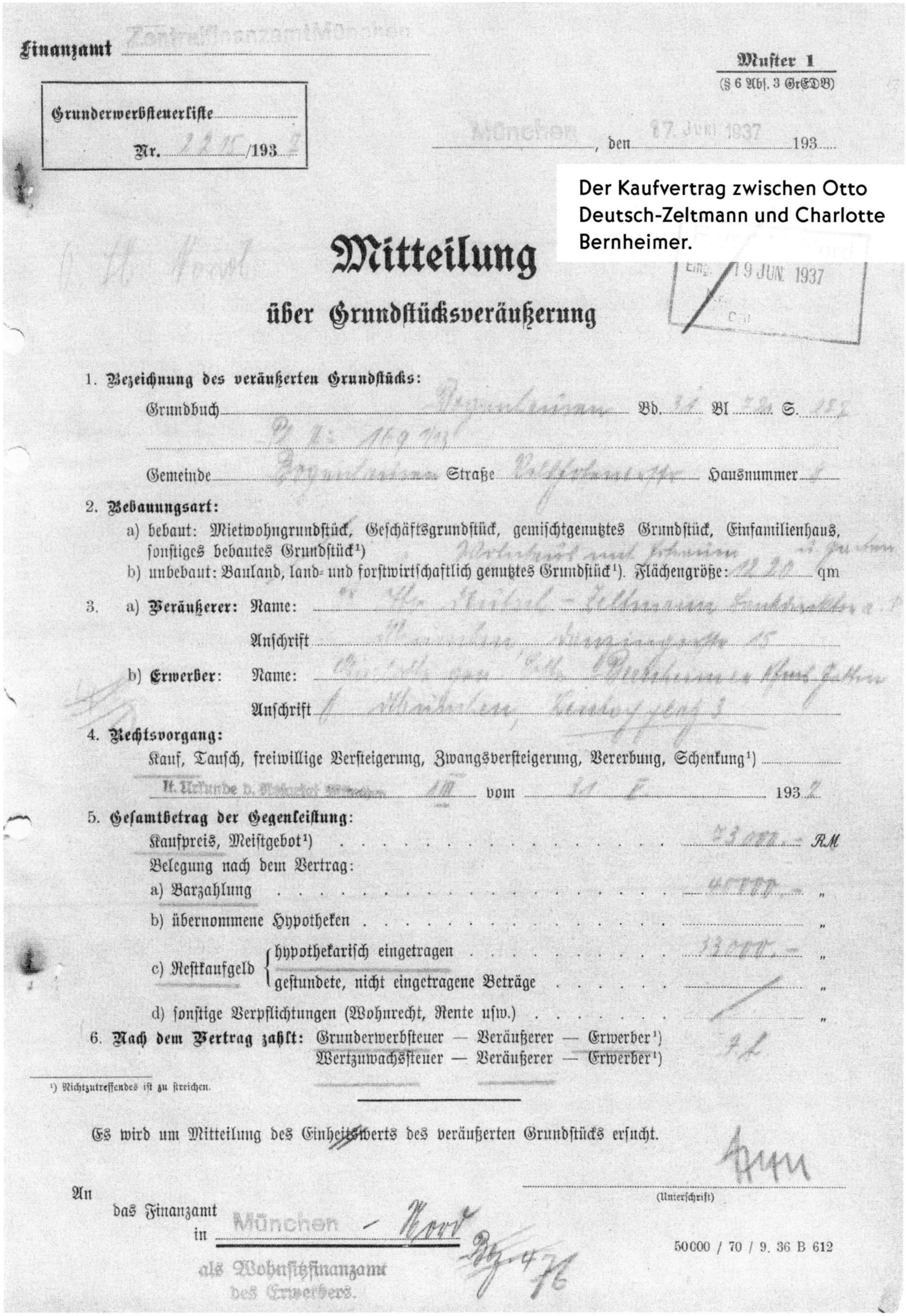
Finanzamt Zentralfinanzamt München

Muster 1
(§ 6 Abs. 3 GrEDB)

Grunderwerbsteuerliste
Nr. 2215/1937

München, den 17. Juni 1937

Eing. 19 JUN. 1937

Mitteilung
über Grundstücksveräußerung

1. **Bezeichnung des veräußerten Grundstücks:**
Grundbuch .... Bd. 31 Bl. ... S. ...
Gemeinde .... Straße .... Hausnummer ...

2. **Bebauungsart:**
a) bebaut: Mietwohngrundstück, Geschäftsgrundstück, gemischtgenutztes Grundstück, Einfamilienhaus, sonstiges bebautes Grundstück¹)
b) unbebaut: Bauland, land- und forstwirtschaftlich genutztes Grundstück¹). Flächengröße: ... qm

3. a) **Veräußerer:** Name: ....
Anschrift ....
b) **Erwerber:** Name: ....
Anschrift ....

4. **Rechtsvorgang:**
Kauf, Tausch, freiwillige Versteigerung, Zwangsversteigerung, Vererbung, Schenkung¹)
lt. Urkunde d. Notariat München ... vom ... 1937

5. **Gesamtbetrag der Gegenleistung:**
Kaufpreis, Meistgebot¹) . . . . . 73 000.– RM
Belegung nach dem Vertrag:
a) Barzahlung . . . . . 40 000.– „
b) übernommene Hypotheken . . . . . „
c) Restkaufgeld { hypothekarisch eingetragen . . . . . 33 000.– „ / gestundete, nicht eingetragene Beträge . . . . . „ }
d) sonstige Verpflichtungen (Wohnrecht, Rente usw.) . . . . . „

6. **Nach dem Vertrag zahlt:** Grunderwerbsteuer — Veräußerer — Erwerber¹)
Wertzuwachssteuer — Veräußerer — Erwerber¹)

¹) Nichtzutreffendes ist zu streichen.

Es wird um Mitteilung des Einheitswerts des veräußerten Grundstücks ersucht.

(Unterschrift)

An
das Finanzamt
in München – Nord
als Wohnsitzfinanzamt
des Erwerbers.

50000 / 70 / 9. 36 B 612

Der Kaufvertrag zwischen Otto Deutsch-Zeltmann und Charlotte Bernheimer.

Innenansicht des Bernheimer-Palais. Der Gobelinsaal, der über zwei Stockwerke reichte, war mit dunkelgrünem Stoff bespannt. Die Gobelins konnten mit elektrischen Hebevorrichtungen hoch- und runtergefahren werden.

1
2

Das Bernheimer-Palais am Lenbachplatz,
errichtet 1887.

Ottos Bruder Max Bernheimer organisierte die „Karawanserei", die ein Publikumsmagnet bei der Ausstellung „Meisterwerke muhammedanischer Kunst" 1910 war.

AUSSTELLUNG
MÜNCHEN 1910
MAI BIS OCTOBER
PROTECTOR
S.K.H.
LUITPOLD
IVL DIEZ
MEISTERWERKE
MUHAMMEDANISCHER KUNST
MUSIK-FESTE

Werbeblatt für die Firma Bernheimer.

Das Kunstideal der Nazis sah anders aus: Im von 1933 bis 1937 eigens unter persönlicher Beteiligung Adolf Hitlers nach Plänen von Paul Ludwig Troost erbauten „Haus der Deutschen Kunst" wurde gezeigt, was man unter sogenannter Deutscher Kunst zu verstehen hatte. Nach der „Machtergreifung" am 30. Januar 1933 wurde der gesamte Kulturbereich zentralisiert und kontrolliert. Die entscheidende Behörde hierbei war das am 13. März 1933 errichtete „Reichsministerium für Volksaufklärung und Propaganda" unter Joseph Goebbels. Das Ministerium war „für alle Aufgaben der geistigen Einwirkung auf die Nation, der Werbung für den Staat, Kultur und Wirtschaft, der Unterrichtung der in- und ausländischen Öffentlichkeit über sie und der Verwaltung aller diesem Zweck dienenden Einrichtungen" zuständig. Im Grunde entschied also Goebbels, was Kunst war und was nicht: Gemälde, die Ideen von „Blut und Boden" oder „Rassenreinheit" thematisierten, Militarismus und Gehorsam herausstellten und das arbeitende Volk auf den Feldern oder die Frau in einem rückwärtsgewandten Rollenbild darstellten. Die darüber hinaus von den Nationalsozialisten geschätzten Aktbilder zeigten in stereotyper Weise perfekte arische Körper.

Und es wurde deutlich, was keine „deutsche" Kunst war: Expressionismus, Impressionismus, Dadaismus, Neue Sachlichkeit, Surrealismus, Kubismus oder Fauvismus und alles, was die Kunst außereuropäischer Völker rezipierte, also die Werke von George Grosz, Ernst Barlach, Max Beckmann, Maria Caspar-Filser, Marc Chagall, Giorgio de Chirico, Lovis Corinth, Otto Dix, Max Ernst, Lyonel Feininger, Paul Gauguin, Wassily Kandinsky, Ernst Ludwig Kirchner, Paul Klee, Oskar Kokoschka, Käthe Kollwitz, Elfriede Lohse-Wächtler, Piet Mondrian, Pablo Picasso, Christian Rohlfs, Oskar Schlemmer, Karl Schmidt-Rottluff. Die Ausstellung „Entartete Kunst", die in zwölf deutschen Städten gezeigt wurde, verunglimpfte alles, was nicht in das neue „Ideal" passte. Die Kunstwerke wurden neben Zeichnungen geistig behinderter Menschen und Fotos verkrüppelter Menschen gezeigt, um Angst und Abscheu zu schüren.

Trotz der Repressalien gelang es dem Unternehmen Bernheimer über die Mittelsfrau Ilona Goebel, eigentlich Bernheimers Lieferantin für Lampenschirme, auch weiterhin Aufträge zu akquirieren. So kam es sogar zu Anfragen seitens der NSDAP, Staats- und Parteigebäude mit Möbeln und Kunstwerken aus dem Katalog der L. Bernheimer auszustatten. Darüber hinaus wurden etwa auch die amerikanische und italienische Botschaft in Berlin mit Möbeln und Einrichtungsgegenständen des Münchner Unternehmens beliefert.

Trotzdem hatte die Firma unter der wirtschaftlichen Verfolgung zu leiden und war vor dem Naziterror nicht gefeit. Die „Nürnberger Gesetze" schufen eine „rechtliche" Grundlage für antijüdische Maßnahmen. Hier wurde der Status von Jüdinnen und Juden als „Bürger zweiter Klasse" festgelegt, sie wurden jeglicher politischer Rechte beraubt, Eheschließungen mit „Ariern" waren von nun an untersagt. Für die Bernheimers bedeutete dies den Ausschluss aus der Reichskammer der bildenden Künste. Sie wurden gezwungen, ihr gesamtes Geschäftsvermögen offenzulegen, und manche Aufträge durften nur von „arischen" Mitarbeitern ausgeführt werden – etwa der Gang zum Zollamt. Außerdem wurde ihre Reisefreiheit eingeschränkt und die Familie gezwungen, mehrere Grundstücke zu verkaufen. Weitere Schikanen waren, dass man den Reden Hitlers im Radio zu folgen und zu bestimmten Anlässen Hakenkreuzfahnen aufzuhängen hatte. Allerdings konnte die Firma Bernheimer bis zur Reichspogromnacht von 1938 weiter bestehen, im Gegensatz zu vielen anderen jüdischen Betrieben.

Die Novemberpogrome 1938 und ihre Folgen

Otto und Charlotte Bernheimer konnten die Villa in der Vilshofener Straße 8, die sie 1937 von Otto Deutsch-Zeltmann gekauft hatten, nie dauerhaft bewohnen. Denn die Ereignisse der folgenden Monate sollten die Situation der Jüdinnen und Juden in Deutschland nochmals nachhaltig verschlimmern. Trauriger Höhepunkt waren die Novemberpogrome von 1938, in deren Folge es zu Ausschreitungen und Angriffen auf jüdische Geschäfte, darunter auch auf das Bernheimer-Palais am Lenbachplatz, kam. Insgesamt verloren in dieser Nacht 1300 Menschen ihr Leben, und 30000 Jüdinnen und Juden wurden in Konzentrationslager verbracht. Zur Rechtfertigung dieser abscheulichen Taten wurde der Tod von Ernst vom Rath, Legationssekretär der deutschen Botschaft in Paris, vorgeschoben, der am 7. November von dem Juden Herschel Grynszpan angeschossen worden war. Grynszpan hatte die Tat aus Verzweiflung über das Schicksal seiner Eltern verübt, die nach Polen abgeschoben worden waren. Vom Rath starb am 9. November an den Folgen der Schussverletzungen.

Nach der Reichspogromnacht überschlugen sich die Ereignisse: Für die Geschichte der Villa in der Vilshofener Straße ist vor allem die „Arisierung" von Immobilien von Bedeutung. Unter dem Begriff „Arisierung" versteht man die Verdrängung von Jüdinnen und Juden aus allen öffentlichen Bereichen im Dritten Reich, insbesondere die wirtschaftliche Enteignung. Da sich bereits im Jahr 1938 viele Menschen jüdischer Herkunft gezwungen gesehen hatten, ihr Hab und Gut, und somit auch ihre Immobilien, zu veräußern, wurden bereits kurz nach der Reichspogromnacht die ersten Immobilien „arisiert". Die Nationalsozialisten sahen bares Geld verschwinden, und so nahm Adolf Wagner, der damalige Gauleiter von München, die Sache selbst in die Hand: Er gründete die „Vermögensverwertung München GmbH". Sie sollte Münchner Immobilien, die sich in jüdischem Besitz befanden, möglichst günstig aufkaufen und mit möglichst hohem Gewinn

1 ◊ Plakat für die Ausstellung „Entartete Kunst" 1936.

2 ◊ Auch in München wurden Menschen jüdischer Abstammung zunehmend diskriminiert, wie hier deutlich zu sehen auf einem Straßenschild in Freimann.

Der Oberbürgermeister der Hauptstadt der Bewegung
als Kreisverwaltungsbehörde

Fi. Mü. Nord
Eing. - 3. MAI 1940
Nr. ....

Postanschrift: Der Oberbürgermeister der Hauptstadt der Bewegung München 2, Städt. Hochhaus

An Herrn Notar

Dr.Hans N o b i s

M ü n c h e n

Kaufingerstraße 3/III

Finanzamt
München-Ost
Eing. 27 APR. 1940
No ....

Girokonten:
Stadthauptkasse:
Städtische Sparkasse München
Postscheckkonto München 115
Reichsbankhauptstelle München
Bayerische Staatsbank München
Bayer. Hypotheken- und Wechselbank München
Bayerische Vereinsbank München
Bayer. Gemeindebank (Girozentrale) München
Deutsche Bank u. Disconto-Ges., Fil. München
Dresdner Bank, Filiale München

Hochhaus Blumenstr. 28 b/I
Ruf-Nr. 2032/9084 **Zim. Nr.** 143/I

Ihre Zeichen	Ihre Nachricht vom	Unsere Zeichen	München, den
		4434/II/40	**24.April 1940**

Betrifft:
Einsatz des jüdischen Vermögens;
hier: Veräußerung von Grundstücken
Haus Nr. **8 an der Vilshofener Str.**
Pl.Nr. **169 1/13**
Stgde. **Bogenhausen**
Veräußerer: **Charlotte Sara Bernheimer**
Erwerber: **Ausfuhrgesellschaft der Deutschen Brauwirtschaft m.b.H.**

An das Finanzamt München-Ost, München 2, Westenriederstraße 21 zur gefl. Kenntnis.
Der Oberbürgermeister
Im Auftrag:
[Unterschrift]
Städt.Amtsdirektor.

Der zur Urkunde des Notars **Dr. Nobis** in **München** vom **29.März 1940** **UR** Nr. **745** abgeschlossene Kaufvertrag wird gemäß § 8 und unter Hinweis auf § 9 der VO. über den Einsatz des jüdischen Vermögens vom 3.Dez. 1938 - RGBl.I S.1709 genehmigt unter folgender Auflage :

Sämtliche Zahlungen aus dem Kaufvertrag sind auf ein für den Verkäufer zu errichtendes Sonderkonto zu leisten, über das nur mit Zustimmung des Oberfinanzpräsidenten **München** (Überw.Abt.) sowie des Finanzamtes **München-Ost** verfügt werden darf.

./.

(MM) 4. 7. 39. 25000.

1940 wurde Charlotte Bernheimer dazu gezwungen, ihre Villa zu veräußern.

Treuhänder
gem. Beschl. des Regierungspräsidenten von Oberbayern

München 22, den 8. April 1940.
Widenmayerstraße 27
Rufnummer 25231 | 28811

An den
Herrn Oberfinanzpräsidenten
- Devisenstelle -
z.H.Herrn Dipl.Volkswirt JAKOB,
München
Arcostr. 2

Vertraulich

Devisenstelle
Eing. 16. APR. 1940
Nr. 42901 Beil. 1

Z. d. Akten
Mü., den 23.4.40.

Betreff: Festsetzung der Bernheimer'schen Vermögenswerte.

In vorstehender Sache übersende ich Ihnen anliegend Aufstellung über den der Charlotte Sara BERNHEIMER gehörenden Haus- und Hypothekenbesitz. Für den Münchner Besitz war ich als Treuhänder bestellt und sind diese Häuser inzwischen restlos verkauft worden. Der übrige Haus- und Hypothekenbesitz wird von Frau Carola Bernheimer mittels der ihr von der Jüdin Charlotte Sara Bernheimer übergebenen notariellen Vollmacht veräussert. Die Verkaufsverhandlungen werden in diesem Falle jedoch ebenfalls von mir durchgeführt.

Ich habe der Übersicht halber auch den Grund- und Hausbesitz des Ernst Israel Bernheimer in diese Aufstellung mit aufgenommen. Die Veräusserung dieses gesamten Besitzes der Eigentümer Charlotte Sara Bernheimer und Ernst Israel Bernheimer ergibt nach vorsichtiger Schätzung und nach Abzug aller entstehenden Gebühren und Provisionen einen Betrag von RM 1.777.482,43 . Hierbei ist dann allerdings die 3 %ige Provision der Frau Dr. BINDER mit RM 36.000.-- noch nicht berücksichtigt.

Diese Vermögensübersicht zeigt also, dass wir nach wie vor auf den Betrag von RM 227.000.-- aus dem privaten Kunstbesitz nicht verzichten können.

Heil Hitler !
Der TREUHÄNDER:

(Wegner)
Obersturmführer

Anlage: Aufstellung über die Bernheimer'schen Vermögenswerte.

Staatsarchiv München
Oberfinanzdirektion München 1223

Hierfür wurden die Vermögenswerte zu Ungunsten der Familie Bernheimer festgesetzt.

weiterverkaufen. Hierfür verfügte die Gesellschaft über eigene Räumlichkeiten in der Widenmayerstraße 27, wo zeitweise bis zu 60 Menschen arbeiteten.

Die Gesellschaft war in mehrere Abteilungen untergliedert. Neben der Geschäftsführung gab es eine eigene Abteilung für das Grundstückswesen, eine Geschäfts- und Rechtsabteilung sowie eine Sektion für allgemeine Verwaltung und die Verwaltung von Häusern. Die Berufe der Mitarbeiter waren ebenfalls breit gefächert, so gingen hier Juristen, Ingenieure und Makler ihrer Tätigkeit nach. In München waren zu diesem Zeitpunkt noch 626 Grundstücke in jüdischem Besitz, für die seit dem 11. November 1938 ein Verkaufsverbot bestand. Die Gesellschaft nutzte diese Umstände und enteignete jüdische Besitzer, die diesem Vorgehen angeblich freiwillig entsprachen.

Auch die Villa in der Vilshofener Straße 8 ist ein Teil dieser von Habgier und Menschenverachtung geprägten Geschichte. Im Stadtarchiv München lässt sich die Abschrift eines Kaufvertrags finden. Er wurde zwar später für ungültig erklärt, zeigt jedoch, welche Methoden die Nazis zur fiskalischen Ausbeutung von Jüdinnen und Juden nutzten. Der Vertrag ist auf den 10. Dezember 1938 datiert und regelt den Verkauf mehrerer Immobilien aus dem Besitz von Charlotte Bernheimer. Schaut man ihn sich genauer an, wird schnell klar, mit welchem Unrecht er belastet ist. Hier sind vor allem die Vertragspartner von Interesse: Dies ist zum einen die „Vermögensverwertung München GmbH" und zum anderen der Anwalt Friedrich Andreas Kügle, welcher Charlotte Bernheimer in dieser Angelegenheit „vertrat".

Kügle arbeitete direkt mit der „Vermögensverwertung München GmbH" zusammen. Er und ein weiterer Anwalt, Kurt Wolf, erlangten die notwendigen Verfügungen von den jüdischen Besitzern, um die betreffenden Objekte verkaufen zu können. Das Ganze hatte fast automatisierte Züge, allein im Dezember 1938 erhielten die beiden Anwälte im Konzentrationslager Dachau Unterschriften von 176 Juden, die gezwungen wurden, diese unter zwei Musterformulare zu setzen und damit ihr Vermögen der Gesellschaft zu überlassen. Die Inhaftierten hatten keine Wahl: Entweder sie unterschrieben die Blanko-Dokumente oder sie würden in Dachau bleiben müssen.

Otto Bernheimer erzählte zu Lebzeiten noch selbst von diesem Erlebnis. Nachdem er und seine Frau einen Kuraufenthalt in Baden-Baden frühzeitig abbrechen mussten – sie hatten erfahren, dass ihre Söhne im Zuge der Reichspogromnacht verhaftet worden waren –, wurde Otto bei seiner Rückkehr ebenfalls festgenommen und nach Dachau gebracht. Mit anderen Inhaftierten musste er die ganze Nacht „strammstehen", alle Wertgegenstände abgeben und wurde kahlgeschoren. Schlafen konnte man – wenn überhaupt erlaubt – auf Stroh. Otto traf dort auch seine Söhne. Bernheimer hatte Glück im Unglück: Da er Honorarkonsul Mexikos war, konnte er vom Eingreifen des mexikanischen Staats profitieren, der damit drohte, bei fortdauernder Haft Ottos im Gegenzug deutsche Staats-

1 ◊ Das Bernheimer-Palais nach der Reichspogromnacht.

2 ◊ Die Synagoge in der Herzog-Rudolf-Straße nach der Reichspogromnacht.

bürger in Mexiko zu verhaften. Nachdem Otto aus der Haft in Dachau entlassen worden war, durfte er sein Geschäft nicht mehr betreten. Es wurde durch Treuhänder weitergeführt und ging letztendlich in den Besitz der Kunsthandelsgesellschaft „Kameradschaft der Künstler e.V." über, deren Präsident niemand anderes als Adolf Wagner war. Die Firma war also gleichsam an die NSDAP übergegangen.

Laut Urkunde hätte das Haus in der Vilshofener Straße zu einem Preis von 115 500 Reichsmark verkauft werden sollen. Die weiteren Immobilien, über deren Verkauf die Urkunde berichtet, waren Anwesen in der Theatinerstraße 16, der Salvatorstraße 7 sowie der Mauerkircherstraße 16. Insgesamt hatte die GmbH Grundstücke mit einem Verkehrswert von 6,8 Millionen Reichsmark eingezogen, das entspricht einem Sechstel des damaligen Grundbesitzes, über den die jüdische Bevölkerung in Oberbayern verfügte.

Allerdings hätte Charlotte Bernheimer nichts von diesem Geld gesehen, denn in dem Vertrag heißt es auch, dass der Verkaufserlös des Anwesens in der Vilshofener Straße 8 und anderer Immobilien „vereinbarungsgemäss zur Begleichung der von der Verkäuferin geschuldeten Reichsfluchtsteuer und der von ihr auf Grund der Verordnung von 14.11.1938 über die Sühneleistung deutscher Jüdinnen und Juden zu entrichtenden Abgabe sowie sonstiger Steuerschulden der Verkäuferin zu versenden (ist). Die Käuferin wird zu diesen Zahlungen aus dem Kaufpreis ermächtigt."

Sowohl die „Reichsfluchtsteuer" als auch die „Sühneleistung" waren fiskalische Mittel, um die jüdische Bevölkerung zu enteignen. Die Reichsfluchtsteuer wurde bei Emigration einbehalten. Bemerkenswert ist, dass diese Steuer noch aus der Weimarer Republik stammte, im Nationalsozialismus allerdings gezielt bei Jüdinnen und Juden erhoben wurde. Ab 1934 war es sogar möglich, eine Art „Vorauszahlung" zu verlangen, wenn bloß der Verdacht einer Emigration bestand. Bis zum Jahr 1941 konnte der Nazistaat so 900 Millionen Reichsmark für sich verbuchen.

Die „Sühneleistung" – auch Judenvermögensabgabe genannt – vom 12. November 1938 war eine Kontribution, die willkürlich mit 1 Milliarde Reichsmark festgelegt worden war. Diese Kontribution sollte von allen deutschen Jüdinnen und Juden gemeinsam getilgt werden. Sie wurde als Reaktion auf das Attentat auf Ernst vom Rath erlassen und galt als „Sühne" für „die feindliche Haltung des Judentums gegenüber dem deutschen Volk".

Der Einführung dieser „Sühneleistung" ging eine Erhebung des jüdischen Vermögens voran, welche durch eine Verordnung im April 1938 verfügt wurde. Jüdinnen und Juden mussten ihr Vermögen komplett offenlegen, die „Judenvermögensabgabe" war also schon länger geplant gewesen. Auch die Familie Bernheimer kam dieser Aufforderung zur Offenlegung ihres Vermögens nach. Allerdings gaben sie einen sehr hohen Wert an, die Nazis hatten im Vorfeld vor zu niedrigen Angaben gewarnt. Die Bernheimers glaubten daran, dass die Regierung das Vermögen abkaufen würde, aber keinesfalls zu einem höheren als dem angegebenen Wert. Dies sollte sie dann im Kontext der „Judenvermögensabgabe" viel Geld kosten, da es nun aufgrund des Verkehrswerts auch einen höheren Wert als Bemessungsgrundlage für die Steuer gab.

Der Kaufvertrag vom 10. Dezember wurde jedoch zunächst für ungültig erklärt. Das hatte folgenden Grund: Bei der GmbH handelte es sich keineswegs um eine staatliche Firma, sondern um eine private Gesellschaft. Der Gauleiter fungierte hier nicht in seiner Funktion als Repräsentant des Staates, sondern kümmerte sich um seine Privatinteressen und diejenigen der Partei. Dem wollte der Nazistaat jedoch Einhalt gebieten und selbst sein Stück vom Kuchen abbekommen. Als Konsequenz mussten ab dem 3. Dezember 1938 alle Zwangsverkäufe, also „Arisierungen", vom Regierungspräsidenten von Oberbayern genehmigt werden, was in der „Verordnung über den Einsatz jüdischen Vermögens" geregelt war. Viele Kaufverträge wurden daraufhin nicht bewilligt. Auch der Fall der Villa in der Vilshofener Straße war hiervon betroffen. Schon die Urkunde selbst ist mit dem Vermerk „ungültig" versehen. Darüber hinaus ist sie zusammen mit einem Schreiben des zuständigen Notars überliefert, in welchem um die Genehmigung des Vertrags durch den Regierungspräsidenten gebeten wird.

Die Geschichte endet hier allerdings immer noch nicht, dieselben Akteure sollten ihre Machenschaften im nächsten Akt fortsetzen. Zwei neue Ämter wurden eingeführt, zum einen der „Treuhänder gemäß Beschluß des Regierungspräsidenten von Oberbayern" – eine staatliche Stelle –, zum anderen der „Beauftragte des Gauleiters für Arisierung", also ein Amt der NSDAP. Ein fadenscheiniger Versuch, Staatlichkeit und Legalität aufrechtzuerhalten. Die Vermögensverwertungsstelle erhielt eine staatliche Legitimation, wurde aber gleichzeitig von der Partei geführt, da beide Stellen von ein und derselben Person besetzt wurden, einem engen Vertrauten Adolf Wagners, und zwar von seinem Adjutanten im Innenministerium und SA-Brigadeführer Gotthold Dziewas. Da dieser jedoch bereits kurz darauf seinen Kriegsdienst antreten musste, wurde die Stelle wieder mit einem SA-Mann besetzt. Die Rede ist von Hans Wegner, der von nun an als Leiter der „Arisierungsstelle" fungierte und somit für viele Opfer von „Arisierungen" zur Personifikation des Unrechts werden sollte.

Wegner war bereits seit Dezember 1938 in der „Vermögensverwertung München GmbH" als Abteilungsleiter tätig gewesen und kannte somit die Arbeitsweise. Seine Taten und Handlungen sind zahlreich dokumentiert und überliefert. Neben der „Arisierung" von Immobilien waren er und die „Arisierungsstelle" nicht nur für die Vertreibung von Jüdinnen und Juden aus ihren Wohnungen verantwortlich, sondern später auch an der Organisation von Deportationstransporten beteiligt. Zudem besaß die „Arisierungsstelle" auch polizeiliche Befugnisse. Die Gauleitung wurde monatlich über die Tätigkeiten unterrichtet, deren Ziel die „Entjudung des Traditionsgaus München-Oberbayern" war.

Die „Transaktion Rode"

„Kein Bernheimer wird Deutschland lebend verlassen."
(Hermann Göring zugeschrieben, ca. 1939)

Auch die Villa in der Vilshofener Straße 8 kann mit der „Arisierungsstelle" in Verbindung gebracht werden. Sie und der weitere Besitz der Familie Bernheimer spielten bei der sogenannten Transaktion Rode eine tragende Rolle. Dabei ging es nicht nur um den Besitz des Ehepaares Charlotte und Otto Bernheimer, sondern auch um das Vermögen von Ottos Bruder Ernst, über das die Nazis ohne dessen Mitreden verfügten. Hinter dem Begriff „Transaktion" verbirgt sich der Verkauf zweier Kaffeeplantagen des Ehepaars Rode und eines Erwin Rode in Venezuela. Herman Göring stand zu den Rodes in verwandtschaftlicher Beziehung und wollte diesen offenbar einen „Freundschaftsdienst" erweisen. Eingefädelt wurde alles von seiner Schwägerin, Ilse Göring.

Die Bernheimers wurden gezwungen, in einen Kauf einzuwilligen, der ihnen die Emigration nach Südamerika ermöglichen sollte. Das Angebot wurde Otto Bernheimer direkt nach der Haftentlassung aus Dachau gemacht, wofür er extra mit seinem Anwalt nach Berlin reiste. Otto kaufte schließlich die heruntergekommene Hazienda der Familie Rode, die diese schon seit längerem veräußern wollten. Denn es hieß: entweder der Kauf oder keine Emigration. Der Befehl soll von Göring persönlich gekommen sein. Am 14. März 1939 konnte schließlich eine „Vereinbarung" getroffen werden.

Um den Kauf tätigen zu können, wurde der gesamte Besitz der Familie zu Geld gemacht, auch die Villa in der Vilshofener Straße 8. Die Immobilienverkäufe wurden hierbei von der „Arisierungsstelle" in München abgewickelt. Darüber hinaus nutzte Hermann Göring die Aktion noch in anderer Weise: Er zwang Otto Bernheimer, jüdische Verwandte Görings, das Ehepaar Hirsch, mit nach Venezuela zu nehmen und dort für eine gewisse Zeit zu versorgen. Es schien, als sollte der Auswanderung nun nichts mehr im Wege stehen. Doch alles kam anders – das Schicksal der Familie wurde zu einer Art Spielball zwischen den Naziinstitutionen. Der Anwalt der Bernheimers, Adolf von Harnier, musste um sein Mandat für die Familie bangen, denn inzwischen war es problematisch, als Nicht-Jude jüdische Klienten zu vertreten.

Doch nicht nur das Bangen um einen Rechtsbeistand erschwerte die Umsetzung der Aktion, die die Bernheimers ins sichere Südamerika bringen sollte, auch innerhalb der Nazikreise verfolgte man unterschiedliche Interessen und war sich uneins: So wollte Adolf Wagner ebenfalls von der Veräußerung des Bernheimer'schen Vermögens profitieren und versuchte, sich einen Vorteil zu verschaffen, indem er seine Verbündeten – in diesem Fall Gotthold Dziewas – als Treuhänder einzusetzen plante. Harnier ahnte, worauf

Wagner hinauswollte, und verhandelte mehrmals mit Dziewas, um seine Position als Anwalt behalten und den Schaden für seinen Mandanten möglichst klein halten zu können. Die Konkurrenz innerhalb des Staatsapparats führt deutlich vor Augen, wie gespalten das System im Inneren war, obwohl es nach außen sehr organisiert wirkte. Verschiedene Akteure hatten eigene Interessen und bekämpften sich auf dem Rücken der Leidtragenden.

Laut einem Bericht von Hans Wegner konnte das Anwesen in der Vilshofener Straße schlussendlich am 29. März 1940 für 130 000 Reichsmark an die Ausfuhrgesellschaft der Deutschen Brauwirtschaft m. b. H. verkauft werden. In der Zwischenzeit hatte Hans Wegner die Abwicklung übernommen, Dziewas war im September 1939 in den Kriegsdienst eingetreten. Der Erlös aus dem Verkauf der Villa wurde allerdings nicht an das Ehepaar Bernheimer ausbezahlt, sondern ging, nach Abzug verschiedener Gebühren, an die Deutsche Golddiskontbank (Dego), die noch in der Zeit der Weimarer Republik als Reaktion auf die Hyperinflation von 1923 gegründet worden war. Sie sollte mithilfe ausländischer Kredite deutsche Exportunternehmen mit Kapital versorgen und somit zu einer stabilen Wirtschaft beitragen. In der NS-Zeit war die Bank durch Besetzungen im Aufsichtsrat stark mit dem Reichswirtschaftsministerium verstrickt. Die Dego war zudem an der Finanzierung der Aufrüstung Nazideutschlands beteiligt. Vor allem aber war die Bank Teil des Systems zur Enteignung deutscher Jüdinnen und Juden, deren Vermögen eingefroren und auf Sperrkonten transferiert wurde. Die Nazis konnten es sich aus kriegswirtschaftlichen Gründen nicht erlauben, dass jüdisches Vermögen das Land verließ. Die Degobank fungierte demnach als ein Instrument des Reichswirtschaftsministeriums, um jüdisches Vermögen dem Staat zuzuführen.

Vor diesem Hintergrund wurden den Bernheimers für den stattlichen Preis von 2 000 000 Reichsmark zwei Kaffeeplantagen – „La Granja" und „Costa Rica" – verkauft oder besser gesagt: aufgezwungen. Der Vertrag wurde – wohl auf einer Sondergenehmigung Görings beruhend – am 14. März 1939 geschlossen. Die Aktion kostete die Bernheimers allerdings weitaus mehr, denn zusätzlich waren 860 000 Reichsmark an die Dego zu zahlen. Mit den Immobilien und Hypotheken von Charlotte Bernheimer wurden insgesamt 1 777 500 Reichsmark erwirtschaftet; die Differenz sollte aus den beschlagnahmten Kunstgegenständen aus dem Hause Bernheimer beglichen werden.

Der Münchner Kunstraub

„Die alten Juden [die Lenbachporträts von Ottos Eltern] können Sie ruhig mitnehmen, und auch die Buddhastatuen brauchen wir nicht."
Gestapo zu Bernheimer, 1938

Im Verlauf der „Arisierung", und somit des gesamten Verlustes ihrer Lebensgrundlage, wurden die Bernheimers ebenfalls Opfer des sogenannten Münchner Kunstraubs. Auch hier spielt die Villa in der Vilshofener Straße 8 als Tatort eine wichtige Rolle.

Wie schon beim „Verkauf" der Immobilien hatte auch hier Gauleiter Adolf Wagner seine Finger im Spiel. Am 10. November 1938 initiierte er die Aktion „Sicherstellung von jüdischem Kunstbesitz". Ideengeber war aller Wahrscheinlichkeit nach Max Heiss, der in München mit der Überwachung des Kunst- und Antiquitätenhandels beauftragt war. Die Unternehmung war längerfristig geplant und von zwei Sachverständigen mit vorbereitet worden. Sie betraf 68 jüdische Haushalte in München. Vorgebliche Rechtfertigungen gab es genug: Auf diese Weise könne man schließlich Kunstwerke vor dem Volkszorn, wie er sich bei der Reichspogromnacht gezeigt hatte, schützen.

Das Ausmaß des Kunstraubs wird deutlich, wenn man sich vor Augen führt, dass in der Zeit zwischen November 1938 und Februar 1939 über 2000 Kunstwerke von der Gestapo eingezogen wurden. Insgesamt waren auf Täterseite 58 Personen und Firmen daran beteiligt – neben Gestapo-Beamten auch Museumsvertreter und Kunstexperten. Neu war, dass auch Jüdinnen und Juden betroffen waren, die noch nicht emigriert waren. So wurden am 15. November 1938 auch in der Vilshofener Straße Kunstwerke von der Gestapo beschlagnahmt. Dabei konnte sie auf Listen von Max Heiss zurückgreifen, in denen die Kunstwerke aufgeführt waren – man wusste also, wo und was es zu holen gab. Auch Ottos Sohn Ludwig und seine Frau Susi waren in der Pienzenauerstraße 6 von dieser Aktion betroffen. Insgesamt schlug die Staatsmacht zweimal zu, denn nur zwei Tage später wurden abermals Kunstgegenstände konfisziert. Diesmal war Otto Bernheimer anwesend, bei der ersten Beschlagnahmung hatte er sich noch in Haft in Dachau befunden. Es wurden etwa 200 Kunstobjekte entwendet, darunter Gemälde berühmter Maler wie Carl Spitzweg.

Die geraubten Kunstwerke gingen danach durch viele verschiedene Hände, wurden weiterverkauft oder ausgestellt, und nicht wenige Personen versuchten, sich persönlich zu bereichern. Erst nach dem Krieg kehrten ein paar Kunstwerke von ihrer Odyssee heim und kamen im Zuge der Wiedergutmachung nach dem Ende des Zweiten Weltkriegs wieder in den Besitz der Familie Bernheimer. Dies geschah auch mithilfe der „Central Art Collecting Points", die von den Amerikanern ins Leben gerufen wurden und sich in München in den ehemaligen Gebäuden der NSDAP am Königsplatz befanden.

Emigration

Die Bernheimers standen bis zur Emigration unter Hausarrest in den Häusern in der Vilshofener Straße, der Prannerstraße und im Schloss in Oberföhring, das Ernst Bernheimer

Franz von Lenbachs Gemälde von Fanny und Lehmann Bernheimer hatten in der Wohnung der Familie einen Ehrenplatz.

gehörte. Im April 1939 war es endlich so weit – Otto und Charlotte sowie ihre beiden Söhne konnten Deutschland verlassen und zunächst nach England reisen, wo sie auf ihre Visa für Venezuela warteten. Ottos Schwägerin Karoline, die Frau seines älteren Bruders Max, konnte mit ihrem Sohn Franz in die USA fliehen, ihr älterer Sohn lebte dort. Für die Familie von Ottos Bruder Ernst sollte es noch länger dauern, bis sie Deutschland verlassen konnten. Da der Sohn Karli eine Behinderung hatte, war es äußerst schwierig zu emigrieren. Es vergingen noch zwei Jahre, bis Ernst mit seiner Familie nach Kuba fliehen konnte.

Wie die Bernheimers sahen sich viele Münchner Jüdinnen und Juden gezwungen, nach 1933 das Land zu verlassen; für viele kein leichtes Unterfangen, da zahlreiche Länder sehr restriktiv auf Migranten reagierten und hohe Hürden aufstellten – wer beispielsweise kein Geld oder Verwandte im Ausland hatte, hatte größte Schwierigkeiten, ein Land zu finden, das bereit zur Aufnahme war. Diejenigen, die nicht fliehen konnten, mussten in Deutschland bleiben. Viele Juden wurden aus ihren Wohnungen gedrängt und in Zwangsunterkünften und Sammellagern untergebracht. In Milbertshofen wurde auf Betreiben der „Arisierungsstelle" ein Barackenlager eingerichtet. Für die Bauarbeiten sollten jüdische Zwangsarbeiter herhalten, die Finanzierung wurde der jüdischen Gemeinde aufgedrückt. Auch in Bogenhausen gab es sogenannte Judenhäuser – Sammelunterkünfte für Jüdinnen und Juden –, etwa in der Möhlstraße. Auch im Hildebrandhaus kamen von 1937 bis 1941 fünfzehn Jüdinnen und Juden unter. Sie fielen alle dem Holocaust zum Opfer. Ab 1941 wurden die Jüdinnen und Juden aus München in Richtung Osten, vor allem nach Theresienstadt, deportiert. Aus dem Konzentrationslager sollten nur 160 Überlebende zurückkommen – 1 550 Münchner waren vorher dorthin verschleppt worden. Es war also keine Selbstverständlichkeit, dass die Familie Bernheimer Deutschland verlassen konnte.

In London angekommen erhielt Otto Bernheimer vom Reichsaußenministerium den Auftrag, im Namen der Einrichtungsfirma „Vereinigte Werkstätten für Kunst und Handwerk" französische Teppiche zu erwerben. Bernheimer erfüllte den Auftrag und erhielt sogar von einem Londoner Kunsthändler das Angebot, in sein Geschäft einzusteigen, lehnte dies jedoch ab. Bald erhielten Otto und Ludwig das notwendige Visum für Venezuela und konnten über Guadeloupe und Trinidad ausreisen. Kurt und Charlotte hingegen mussten in London bleiben, sie hatten noch kein Visum erhalten und kamen erst 1941 nach Venezuela. Kurt wurde nach Ausbruch des Zweiten Weltkriegs in einem Lager interniert – die deutschen Juden waren den Briten suspekt, sie waren schließlich aus dem Land des Feindes.

Die Reise von Otto und Ludwig war äußerst beschwerlich. Von der venezolanischen Küste brauchten sie noch einmal mehrere Wochen, bis sie endlich mit ihrem gesamten Hab und Gut – Otto Bernheimer konnte doch einiges aus Deutschland mitbringen, darunter seine gesamte Bibliothek – die Kaffeeplantage „La Granja" im Landesinneren erreichten, ihr neues Zuhause. In Rubio angekommen, zogen sie alle Blicke auf sich. „Los alemanes" waren ein Kuriosum, nicht zuletzt wegen des ganzen Gepäcks, das sie bei sich hatten. Zu Beginn lebten sie mit den Rodes, die sie in den Betrieb einführten, auf der Hazienda. Außerdem waren in Deutschland noch nicht alle Angelegenheiten bezüglich des Kaufs der Plantage erledigt worden. So dauerte es eine gewisse Zeit, bis die Hazienda auf Bernheimer überschrieben werden konnte und die Rodes nach Deutschland reisten.

In den folgenden Jahren lebten sich die Bernheimers gut ein und konnten sich eine neue Existenz aufbauen. Charlotte verstarb allerdings früh, bereits im Jahr 1943. Die letzten Jahre war sie sehr melancholisch gewesen. Otto Bernheimer ließ im Andenken an sie eine kleine Kapelle in Rubio errichten. Sein Sohn feierte dort seine Verlobung und seine Enkeltochter wurde dort getauft.

Die Villa im Besitz der Ausfuhrgesellschaft des Deutschen Brauhandels

1940 erwarb die Ausfuhrgesellschaft des Deutschen Brauhandels das Haus in der Vilshofener Straße 8. Geschäftsführer war Franz Schwarz, Sohn des Reichsschatzmeisters der NSDAP Franz Xaver Schwarz. Schwarz jun. wurde 1899 in München geboren und absolvierte nach der Schule eine Kaufmannslehre. Er arbeitete ab 1920 beim Bayerischen Brauerbund und machte dort Karriere. Nach verschiedenen Stationen wurde er Stellvertretender Vorsitzender der Hauptvereinigung der Deutschen Brauwirtschaft. Ab Februar 1940 war er laut eigenen Angaben Leiter der Ausfuhrgesellschaft, welche insbesondere den Export des deutschen Brauwesens überwachen sollte. Schwarz war seit 1931 Mitglied der NSDAP und seit 1933 Mitglied der Allgemeinen SS und erhielt dort den Rang eines Brigadeführers.

Otto Bernheimer schrieb in der Firmenchronik zum Schicksal der Immobilien seiner Familie: „Das geschah durch die Partei und die Häuser wurden an die Parteigenossen zu billigsten Preisen verschleudert." Es war zu dieser Zeit durchaus typisch, dass „arisierte" Immobilien von NSDAP-Organisationen erworben und genutzt wurden. Zahlreiche Häuser in Bogenhausen haben ein ähnliches Schicksal erfahren. So wurde etwa die Villa der Familie Mann die Zentrale des Vereins Lebensborn. Auch ist bekannt, dass Reichsschatzmeister Franz Xaver Schwarz in viele „Arisierungen" der damaligen Zeit verwickelt war und viele Immobilien zu vorteilhaften Konditionen erwarb. Es war keine Seltenheit, dass Familienbande solche Geschäfte beeinflussten, was sich allerdings meist nicht in den offiziellen Akten niederschlug. Die Ausfuhrgesellschaft blieb bis zum Ende des Krieges in der Villa untergebracht.

Der Krieg ließ den Herzogpark nicht unversehrt. Aufgrund seiner Lage an der Isar und weiterer markanter Punkte in der Umgebung wurde er zu einem leichten Bombenziel. Insgesamt erlitt München schwere Kriegsschäden, lediglich 2,5 Prozent der Gebäude blieben unversehrt. Die Altstadt lag zu 60 Prozent in Trümmern, Schwabing sogar zu 70 Prozent. Über 50 Millionen Menschen waren im Zweiten Weltkrieg getötet worden.

Franz Schwarz wurde kurz nach dem Krieg, am 15. Mai 1945, verhaftet und blieb bis 1948 in Haft, bevor er aus dem Internierungslager Dachau entlassen wurde – wie viele Parteimitglieder der NSDAP sowie Mitglieder der SS und SA und anderer Naziorganisationen. Als Internierungslager dienten die ehemaligen Konzentrationslager. Allein in der Besatzungszone der Amerikaner gab es insgesamt 120 000 Internierte, die später vor Gericht gebracht wurden. Ab dem Jahr 1947 wurden die Lager unter deutsche Aufsicht gestellt.

Die mutmaßlichen Täter der Nazizeit sollten bald vor Gericht gestellt werden, vor die sogenannten Spruchkammern. Dies war Teil der sogenannten Entnazifizierung. Grundlage für die Verhandlungen der Spruchkammern war das „Gesetz zur Befreiung von Nationalsozialismus und Militarismus“ vom 5. März 1946. Es legte die Rahmenbedingungen fest. Alle ehemaligen Angehörigen der NSDAP mussten einen Fragebogen ausfüllen, auf dessen Grundlage die Verdächtigen in fünf Gruppen eingeteilt wurden – Hauptschuldige, Belastete, Minderbelastete, Mitläufer sowie Entlastete. Auch für Franz Schwarz ist in seiner Spruchkammerakte ein solcher Fragebogen enthalten. Nur die ersten beiden Gruppen wurden in einem öffentlichen Gerichtsprozess mit einer mündlichen Anhörung verhandelt, für die anderen gab es lediglich ein schriftliches Verfahren. Die Spruchkammern bestanden aus einem Vorsitzenden und mindestens zwei Beisitzern. Viele Richter und Ankläger waren Laien. Die Organisation der hierfür notwendigen institutionellen Rahmenbedingungen wurde größtenteils in einem Proporzsystem den mittlerweile wieder zugelassenen politischen Parteien übertragen. Die Spruchkammern wurden in ihrer Arbeit von eigens hierfür angeworbenen Ermittlern entlastet, und auch verschiedene Verwaltungsorgane leisteten ihren Beitrag zu den Untersuchungen, etwa die Bahn oder die Post. Leider waren die Spruchkammern nicht selten Schauplatz von Korruption und Amtsmissbrauch.

Franz Schwarz wurde im Zuge dieses Prozesses am 14. März 1949 als „Minderbelasteter“ eingestuft. Ihm wurde eine Bewährungsstrafe von 6 Monaten sowie ein „Sühnebetrag“ von 1 000 DM auferlegt. Zudem hatte er die Kosten des Gerichtsverfahrens zu tragen, welche sich auf insgesamt 41 740 DM beliefen. In ihrer Begründung berief sich die Kammer vor allem auf seine Mitgliedschaften in Naziorganisationen. Außerdem wurde die Tatsache, dass er recht früh in die Partei eingetreten war, zu seinem Nachteil ausgelegt. Er hätte die Gefahr, die vom Nationalsozialismus ausging, erkennen müssen. Die

Das zerstörte Bernheimer-Palais 1946.

Kammer spricht in ihrem Urteil von ihm als „zuverlässige(m) Nationalsozialist(en)". Darüber hinaus war er ein Nutznießer des NS-Regimes, der sein Einkommen steigern und nach der Besetzung Polens Teilhaber und Direktor einer in Krakau ansässigen Brauerei werden konnte. Zugunsten Schwarz' wurde gewertet, dass er keine „feindliche Einstellung politisch-Andersdenkenden gegenüber hatte", so die Kammer.

Franz Schwarz hatte im Vorfeld mit seinem Rechtsvertreter versucht, eine Verurteilung als „Mitläufer" zu erreichen. Hierfür wurden auf mehreren Seiten Argumente zu seiner Entlastung aufgeführt. Allen voran wurde betont, dass Franz Schwarz unabhängig von den Taten und Ämtern seines Vaters, dem Reichsschatzmeister, behandelt werden sollte.

Bogenhausen nach dem Krieg

Die Villa in der Vilshofener Straße 8 wurde bei Kriegsende zunächst von den Amerikanern konfisziert und diente, wie viele Häuser in der Umgebung, als Unterkunft für amerikanisches Militär. Durch Beschlagnahmungen und Einquartierungen waren bald Menschen unterschiedlichster Herkunft in dem Viertel ansässig. Danach war zwischenzeitlich das Wohlfahrtsamt dort untergebracht. Bald sollte der Weg der Villa zurück in den Besitz der Bernheimers beginnen. Susi Bernheimer, Ottos Schwiegertochter, wurde ab dem 3. Januar 1946 als Treuhänderin für das Anwesen bestellt und hierfür von der Familie bevollmächtigt. Otto hatte bereits einen Antrag auf Rückerstattung gestellt. Das Anwesen war aber zu diesem Zeitpunkt noch offiziell im Besitz der Ausfuhrgesellschaft und wurde ab 1947 schließlich an das Finanzministerium vermietet, welches hier das Landespersonalamt unterbrachte. Allerdings war die Villa zu diesem Zeitpunkt in einem desolaten Zustand: Die Innenräume waren stark in Mitleidenschaft gezogen worden, vor allem die Wände und Zimmerdecken. Zahlreiche Türen und Fenster sowie die Bücherschränke in der Bibliothek waren zerstört.

In Bogenhausen, wo die Kriegsschäden vergleichsweise gering waren, entstanden verschiedene Einrichtungen der amerikanischen Besatzungsmacht. Und auch für viele jüdische Displaced Persons wurde Bogenhausen ein Anziehungspunkt. Diese sogenannten DPs waren vor allem Jüdinnen und Juden aus Osteuropa, die gerade aus den Konzentrationslagern befreit worden und gen Westen geflohen waren, um dem wachsenden Antisemitismus in Ostmitteleuropa zu entkommen. Kurz nach dem Krieg waren ungefähr 200 000 jüdische DPs in Westdeutschland ansässig, allein in der Region München 75 000. Sie lebten oftmals in Lagern, die jüngeren von ihnen bevorzugten ein Leben in der Stadt. Dass so viele jüdische DPs nach Bogenhausen kamen, lag unter anderem daran, dass meh-

Bogenhausen nach dem Krieg:

1 ◊ Neuberghauser Straße.

2 ◊ Bombentrichter in der Mauerkircherstraße.

rere DP-Organisationen hier ihren Sitz hatten, so das Münchner Jüdische Komitee oder das Zentralkomitee der befreiten Juden. Diese Organisationen waren auch der Grund, warum täglich viele Jüdinnen und Juden aus den DP-Camps im Umland nach München pendelten – die Trambahn nach Bogenhausen, genauer gesagt in die Gegend rund um die Möhlstraße, wurde für die Münchner bald zum „Palästina-Express". Bis 1956 wurden die Lager im Münchner Umland geschlossen, und viele Vertriebene fanden in München eine neue Heimat, wenn sie nicht nach Israel oder in die USA emigrierten. Die Möhlstraße in Bogenhausen – in den unmittelbaren Nachkriegsjahren vor allem bekannt wegen ihres Schwarzmarktes – wurde ein zentraler Punkt jüdischer Wirtschaftstätigkeit und sollte dies bis in die 1950er Jahre bleiben. Hier wurden Luxuswaren, aber auch traditionelle Handwerke aus dem jüdisch geprägten Osteuropa verkauft.

Rückkehr nach Deutschland

„Ich kann nicht beschreiben, welche Gefühle ich hatte, als ich den Bodensee wiedersah und auch Lindau. Ich glaube, daß ich während der ganzen Fahrt kein Wort gesprochen habe."
(Otto Bernheimer, 1946)

In Rubio, wo die Bernheimers sich eine kleine Existenz aufbauen konnten, sollte es nicht lange dauern, bis Otto Informationen aus München erhielt. Das Geschäftshaus hatte den Krieg überstanden und sogar noch Waren im Lager. Susi, die Frau von Ottos Sohn Ludwig, war während des Krieges in Deutschland geblieben. Da sie keine Jüdin war, hatte sie sich während der Naziherrschaft scheiden lassen müssen, aber wesentlich dazu beigetragen, den Bernheimers den Weg ins Exil zu ermöglichen. Nach dem Krieg wurde sie als Treuhänderin für den Bernheimer'schen Besitz berufen.

Otto wollte 1945 ohne Zeit zu verlieren nach Deutschland zurückkehren – ein Schritt, den sein Bruder Ernst in Havanna nur schwer nachvollziehen konnte. Wie konnte man vergessen, welches Unrecht die Nazis der Familie angetan hatten? Otto ließ sich davon nicht beirren und reiste im Sommer 1946 über die Schweiz nach München. Im ersten Moment ein schockierendes Wiedersehen: Das München seiner Erinnerung lag in Trümmern.

Aber nun ging es daran, das Geschäft wiederaufzubauen und sich um die Restituierung des Besitzes zu kümmern. Initiator für die Restitution jüdischen Besitzes waren die Amerikaner, die in ihrer Besatzungszone im Jahr 1947 das Gesetz zur „Rückerstattung feststellbarer Vermögensgegenstände" in Kraft treten ließen. Die Rückerstattung war ein konfliktbehaftetes Thema. Die neuen Besitzer von Immobilien empfanden es teilweise als

1 ◊ Otto Bernheimer 1952.

2 ◊ „Auf der Suche nach der verlorenen Zeit": Ein Artikel über Otto Bernheimer im „Spiegel" 1957.

unrechtmäßig, dass sie nun ein Grundstück zurückgeben sollten. Sie hätten ja schließlich auch einen entbehrungsreichen Krieg durchmachen müssen, lautete oft das Argument, und manche hatten den Besitz gar nicht direkt von einer jüdischen Familie erworben. Sicherlich muss hier jeder Fall im Einzelnen betrachtet werden, allerdings war mit dem amerikanischen Rückerstattungsgesetz gesichert, dass Forderungen nach Restitution in einem gesetzlichen Rahmen stattfanden und nicht von der öffentlichen Meinung abhängig waren. Insgesamt lassen sich die Restitutionen in Westdeutschland auf 3,5 Milliarden DM beziffern. Diese Zahl ist allerdings nicht mit dem tatsächlichen finanziellen Schaden zu verwechseln, den Verfolgte des NS-Regimes zu erleiden hatten.

Auch die Treuhänderschaft von Susi Bernheimer hing eng mit der Wiedergutmachung zusammen. Kurz nach dem Krieg wurde von den Amerikanern eine Vermögenskontrolle ins Leben gerufen, die alle Arten von Vermögen, gerade auch das aus jüdischem Besitz, registrieren sollte, um später die Opfer des Vermögensentzugs entschädigen zu können. 1947 wurde ein Gesetz erlassen, das Treuhandschaften über das erfasste Vermögen vorsah. Treuhänder gab es bereits davor, und diese wurden zunächst von den Amerikanern eingesetzt, bevor die Vermögenskontrolle ab Sommer 1946 der deutschen Verwaltung anvertraut wurde. Als das Jahr 1948 sich dem Ende näherte, waren in Bayern insgesamt 6 148 Treuhänder eingesetzt.

Auf seiner zweiten Reise nach Deutschland im April 1948 ging es für Bernheimer dann um die Frage der Rückerstattung seines Vermögens, das er während der NS-Zeit verloren hatte, zunächst im Zusammenhang mit der Firma Bernheimer. Man einigte sich mit dem Treuhänder der Firma, einem gewissen Otto Schreiber, auf einen Vergleich, und die Firma ging zurück an die Familie. Laut Otto Bernheimer war dies die erste Restitution jüdischen Besitzes in München überhaupt. Der Erfolg wurde auf einem Fest mit etwa 85 Gästen gefeiert, bei welchem bayerisch-zünftig Leberknödelsuppe, Schweinebraten und Apfelstrudel sowie Weißwürste aufgetischt wurden. Die erhobenen Gläser waren mit Bier, Wein oder Cognac gefüllt.

Auch die Rückerstattung der Villa in der Vilshofener Straße 8 wurde mittels eines Vergleichs zwischen Otto Bernheimer (vertreten durch die Süddeutsche Treuhandgesellschaft), der als Alleinerbe für das Vermögen seiner Frau Charlotte eingesetzt war, und der Ausfuhrgesellschaft der Deutschen Brauwirtschaft am 27. Januar 1950 vor der Wiedergutmachungsbehörde I in München geregelt. Otto Bernheimer war nun wieder als rechtmäßiger Eigentümer im Grundbuch eingetragen.

Otto war endlich wieder in Deutschland angekommen. Allerdings zog er nicht mehr in die Vilshofener Straße zurück, sondern lebte in einer Wohnung in der Nähe des Geschäftshauses und ging bis zu seinem Tod im Jahr 1960 seinem Beruf als Kunsthändler nach. Sein Sohn Kurt verunglückte leider früh in Venezuela. Dessen Frau Mercedes kam mit den drei Kindern allein nach München. Ludwig hatte Susi nach der Zwangsscheidung durch die Nazis ein zweites Mal geheiratet, die Ehe zerbrach jedoch. Ottos Nachkommen und ihre Familien sind nach wie vor stark in München verwurzelt. Die Familie Bernheimer ist durch die Emigration aber auch auf der ganzen Welt verstreut, in den USA, Kuba und Venezuela.

Die Villa in der Vilshofener Straße blieb bis 1955 im Besitz von Otto Bernheimer und wurde dann an Franz Ehrenwirth verkauft.

Kapitel

4

„Die geheiligten Räume im ersten Stock, wo die Gedanken zu Büchern werden"
DER EHRENWIRTH VERLAG (1955 – 1988)

Auch nach Ende des Zweiten Weltkriegs erfreute sich der Herzogpark weiterhin großer Beliebtheit in Künstlerkreisen. So erwarb beispielsweise der Modeschöpfer Heinz Schulze-Varell immer mehr Zimmer des Hauses in der Kolbergerstraße 31, in das er 1948 gezogen war – zunächst in zwei Zimmer zum Wohnen und als Atelier, um dort einen Damenschneidereibetrieb einzurichten. Schulze-Varell hatte zahlreiche Kleider und Kostüme für den deutschen Film designt – Stars wie Zarah Leander und Lilian Harvey trugen seine Kreationen. Seit 1973 lehrte er an der Deutschen Meisterschule für Mode. Er lebte bis zu seinem Tod 1985 in Bogenhausen.

Auch die Schriftstellerin Annette Kolb verbrachte ab 1961 in einer Wohnung in der Händelstraße ihren Lebensabend. Sie kannte den Herzogpark bereits durch ihre Freundschaft zu Adolf von Hildebrand und war der Stadt so zugetan, dass sie ausschließlich Bairisch sprach: Das Hochdeutsche sei ihr „zuwider". Der Roman „Die Schaukel" erzählt vom Leben ihrer temperamentvollen und unkonventionellen Familie in München vor dem Ersten Weltkrieg. Ihre Bücher wurden unter der Herrschaft der Nationalsozialisten öffentlich geächtet und verbrannt. Sie selbst emigrierte 1933 nach Paris und nahm 1936 die französische Staatsbürgerschaft an. 1941 musste die nun 71-jährige Annette Kolb über Lissabon nach New York fliehen, wo sie jedoch keinen beruflichen Erfolg hatte. Sie war bis ins hohe Alter auf alle möglichen Arten aktiv: literarisch, musikalisch, journalistisch und politisch. Nach dem Krieg lebte sie bis 1961 in Paris, München und Badenweiler. Aber Bogenhausen sollte ihr letzter Wohnsitz sein; auch ihr Grab und ihr Nachlass befinden sich in dem beliebten Münchner Stadtteil: das Grab auf dem kleinen Bogenhauser Friedhof an der Neuberghauser Straße und ihr Nachlass in der Monacensia.

Erich Kästner bezog 1953 probeweise ein Haus in der Flemingstraße 52 zur Miete und kaufte es 1960 schließlich. Auch seine Bücher waren während des Naziregimes verbrannt worden. Die Zeit nach dem Zweiten Weltkrieg war für ihn von enormer Tatkraft geprägt: Er machte internationale Autoren wie Thornton Wilder und Jean-Paul Sartre bekannt, ließ Texte emigrierter Kollegen wie Thomas Mann und Carl Zuckmayer drucken und förderte Autoren wie Wolfgang Bächler und Alfred Andersch. Auch blieb er sein Leben lang politisch aktiv und setzte sich leidenschaftlich für Meinungsfreiheit ein: „Wohnungssuche, Zuzugsgenehmigung, keine Möbel, das letzte Paar Schuhe, keine Nachricht von den Angehörigen, keine eigene Bibliothek, gepumpte Oberhemden am Leib – alles tritt schattenhaft zurück hinter das, was nun, nach zwölf Jahren geistiger Fesselung und Bedrohung, endlich wieder winkt: die Freiheit der Meinung und der Kunst!" Annette Kolb und Erich Kästner verband eine enge Freundschaft, wobei Kästner sie liebevoll-spöttisch mit Friedrich dem Großen verglich und sich über ihr Klavierspiel mokierte: Sie könne doch unmöglich in der Händelstraße Mozart spielen! Zu diesen literarischen Nachbarn passte doch ein Verlag ganz ausgezeichnet!

Der Modeschöpfer Heinz Schulze-Varell (links) erwarb immer mehr Zimmer des Hauses in der Kolbergerstraße 31, in das er 1948 gezogen war.

Berühmte Nachbarn der Villa in der Nachkriegszeit:

1 ◊ Erich Kästner.

2 ◊ Annette Kolb.

Franz Ehrenwirth

Franz Ehrenwirth wurde 1904 in der Königinstraße in München geboren. Er ging zunächst im Internat in Scheyern zur Schule, bevor er an das altehrwürdige Münchner Maximiliansgymnasium wechselte und dort 1925 das Abitur machte. Danach absolvierte er eine Banklehre in Holzkirchen (während der Inflationszeit musste er dort Säcke mit Geld vollschaufeln), wechselte jedoch anschließend ins Verlagswesen. Schon früh war es sein Wunsch gewesen, einen eigenen Verlag zu besitzen: „Ich bin nicht der geborene Verleger. Bei meinen Vorfahren gab es keinen Weg zu diesem Beruf. Doch ich war ein unermüdlicher Leser von klein auf. Von den Büchern fand ich zwangsläufig zum Verlegen, auch heute noch kann ich mir einen anderen Beruf für mich nicht vorstellen", beschreibt Ehrenwirth seine Berufung. Er war zunächst Verlagsbuchhändler und Lektor, lernte bei Metzler und Pöschl in Stuttgart, und er war Herausgeber in Berlin, Stuttgart und München, zuletzt beim Verlagshaus Kösel. Am 1. September 1945 gründete Franz Ehrenwirth seinen eigenen Verlag.

Im selben Jahr übernahm er den Beckstein-Verlag von Kösel, ein sehr guter Fang, denn die einträglichsten Verlagswerke Kösels, darunter die Kneipp-Bücher, waren auf Weisung der Reichsschrifttumskammer auf den Beckstein-Verlag übergegangen. Am 7. Dezember 1945 erhielt er als einer der ersten Verleger in München und Bayern eine Lizenz, um Bücher zu veröffentlichen. Eine solche Lizenz war nach dem Krieg notwendig, da die Amerikaner sicherstellen wollten, dass nur Verlage mit einer demokratischen Grundhaltung Druckerzeugnisse verbreiteten.

Franz Ehrenwirth war außerdem Mitglied des „Arbeitsausschusses für den bayerischen Buchhandel", der sich mit dem Wiederaufleben der Buchkultur in Bayern beschäftigen sollte, natürlich mit dem Einverständnis der Amerikaner. Durch seine dortige Mitarbeit kam er schnell an seinen ersten Auftrag als Verleger und konnte sein erstes Buch drucken, ein englisches Wörterbuch. Ursprünglich war es von der Deutschen Verlagsanstalt in Stuttgart herausgegeben worden, durfte aber von dieser nur in Württemberg vertrieben werden; die Lizenz für Bayern erhielt der Beckstein-Verlag, dessen Besitzer Franz Ehrenwirth war. In den notwendigen Anträgen für Papier und Druckerlaubnis rechnete Ehrenwirth großzügig mit einer Auflage von 100000 Exemplaren. Und wider Erwarten wurde sie genehmigt! Mit wackeligen Beinen soll er in das Verlagsgebäude in der Güllstraße zurückgekehrt sein, wo der Verlag nach seiner Gründung ansässig war, denn eigentlich hatte er die Auflage nur so hoch angesetzt, damit noch Spielraum bestand, um sich von den Amerikanern hinsichtlich der beauftragten Auflage herunterhandeln zu lassen.

Bücher als vermittelndes Medium spielten in den Augen der Amerikaner eine zentrale Rolle im Prozess der Entnazifizierung und Demokratisierung Nachkriegsdeutsch-

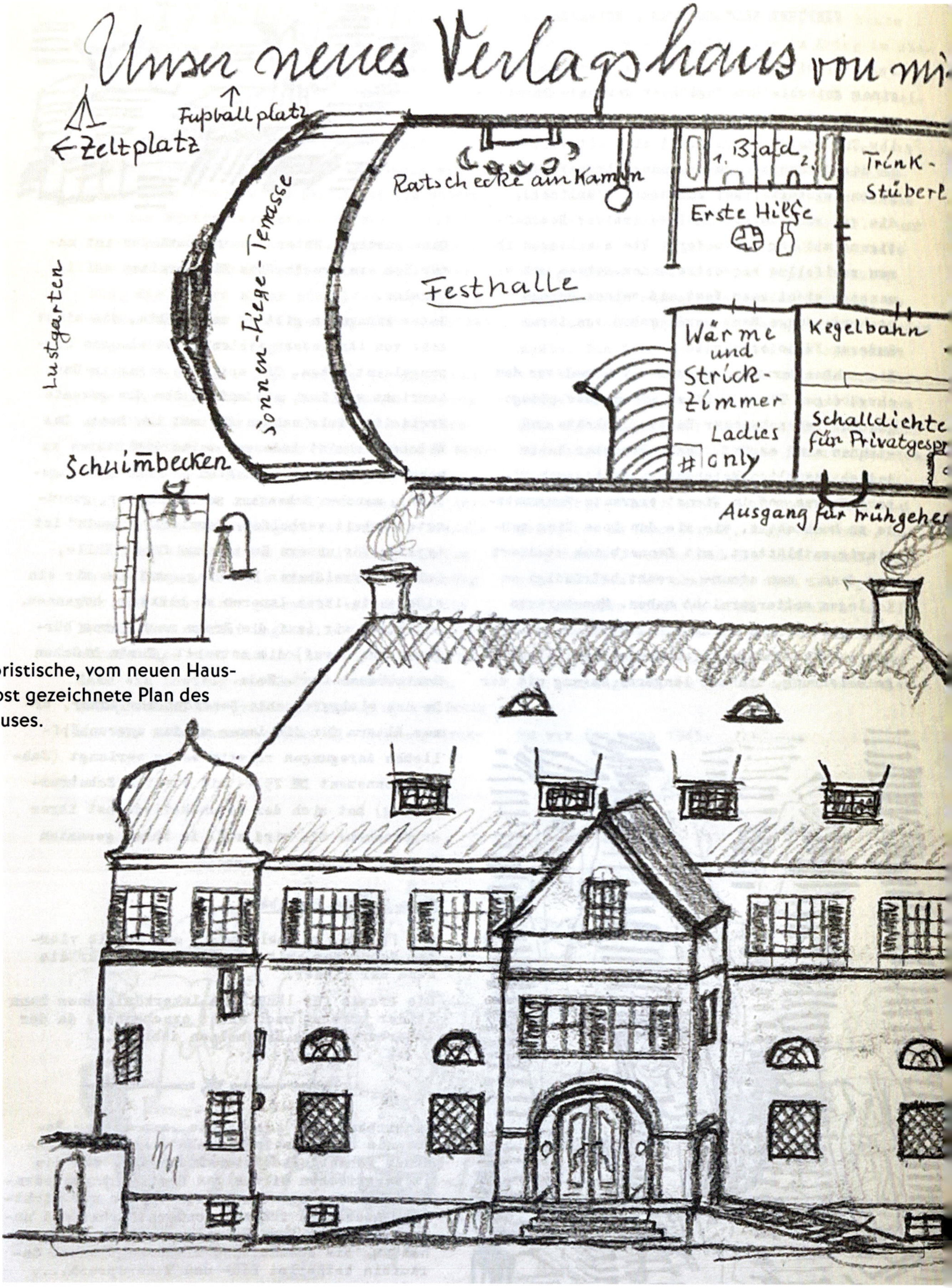

Der humoristische, vom neuen Hausherrn selbst gezeichnete Plan des Verlagshauses.

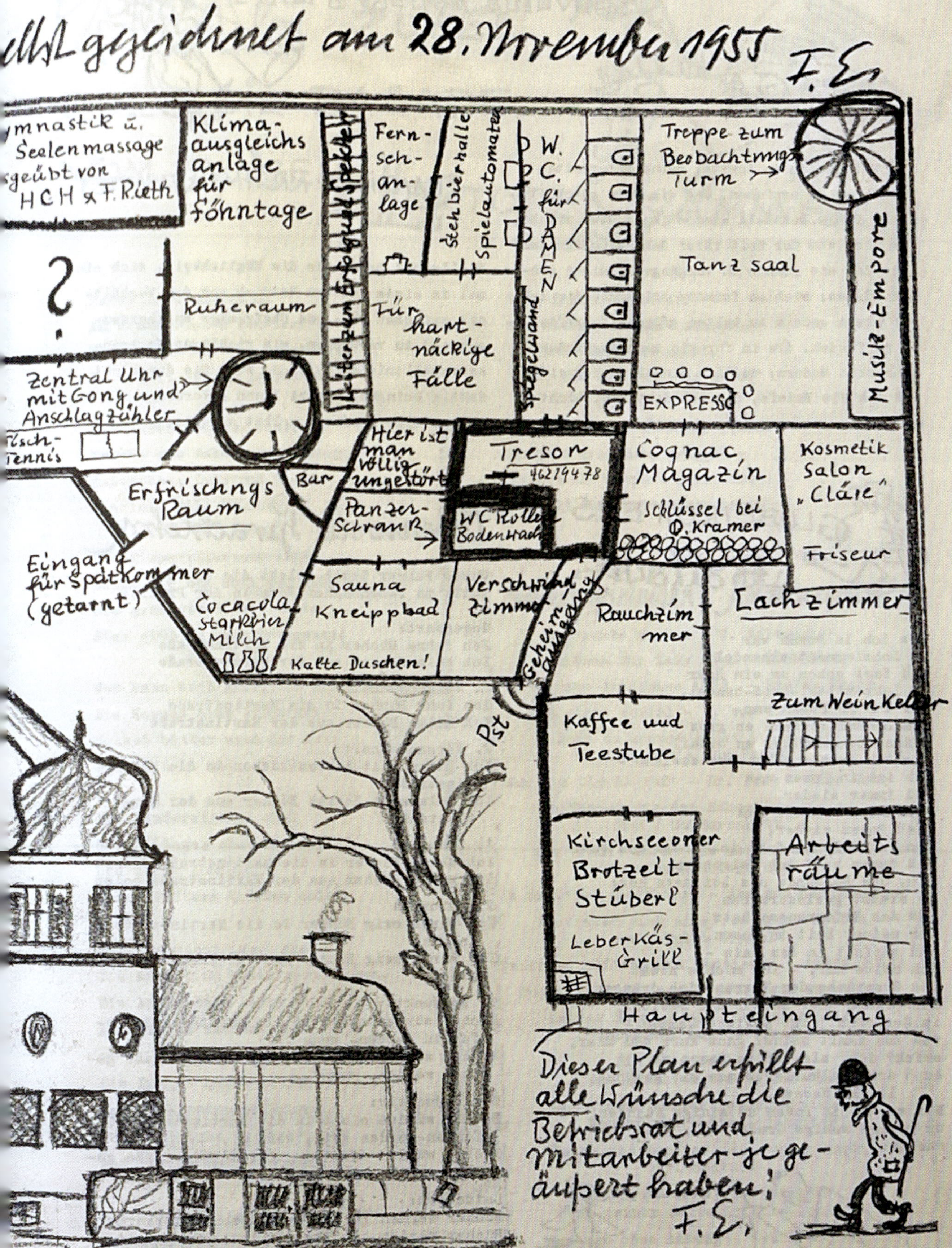
…elbst gezeichnet am 28. November 1955 F. E.
…ymnastik u. Seelenmassage geübt von HCH & F. Rieth
Klima-ausgleichs anlage für föhntage
Leiter zum Erfolg und Speicher
Fern-seh-anlage
Stehbierhalle
Spielautomaten
W. C. für DAMEN
Treppe zum Beobachtungs Turm
Tanz saal
Musik-Empore
Ruheraum
Für hart-näckige Fälle
Spiegelwand
EXPRESSO
Zentral Uhr mit Gong und Anschlagzähler
Tisch-Tennis
Hier ist man völlig ungestört
Tresor 46219478
Cognac Magazin
Kosmetik Salon „Claire“
Erfrischungs Raum
Bar
Panzer-Schrank
WC Rolle Bodenwachs
Schlüssel bei O. Kramer
Friseur
Eingang für Spätkommer (getarnt)
Sauna Kneippbad
Verschwind Zimmer
Geheim-ausgang
Rauchzimmer
Lachzimmer
Cocacola Starkbier Milch
Kalte Duschen!
Pst
Kaffee und Teestube
Zum Weinkeller
Kirchseeoner Brotzeit-Stüberl
Leberkäs-Grill
Arbeitsräume
Haupteingang
Dieser Plan erfüllt alle Wünsche die Betriebsrat und Mitarbeiter je geäußert haben! F. E.

lands. Der komplette Publikationsprozess – vom Manuskript über die Herstellung bis hin zum Vertrieb – wurde aufs genaueste kontrolliert, und für alles war eine Genehmigung notwendig. Um dem bayerischen Buchhandel wieder möglichst schnell auf die Beine zu helfen, wurde der oben genannte „Ausschuß für den bayerischen Buchhandel" gegründet. Er sollte eine Gelenkfunktion zwischen den US-Amerikanern und den Verlagen einnehmen. Alle Mitglieder waren aus der Nazizeit unbelastet hervorgegangen. Bald stellte sich der Ausschuss die Frage, wie es in Zukunft mit dem Buchhandel in Bayern weitergehen solle. In einem Memorandum vom 21. Juni 1945 beschrieb er gleich mehrere Probleme: Viele noch vorhandene Bücher waren von der Naziideologie durchdrungen und folglich unbrauchbar für den Handel geworden, die Produktion von Büchern war aufgrund ausgebombter Druckereien nahezu unmöglich geworden und Bayern galt nicht gerade als Paradies für den Vertrieb von Druckerzeugnissen. Ehrenwirth war offenbar trotzdem davon überzeugt, dass Bücher eine Zukunft hatten, und zwar nicht nur als politisches Instrument.

Die nächsten Projekte seines Verlags waren ein Nachschlagewerk für Pilze und Heilkräuter und die Frauenzeitschrift „Regenbogen" – er wollte sich darauf einstellen, dass Papier vorrangig für Zeitschriften ausgegeben wurde. So begann also die Geschichte des Ehrenwirth Verlags. Seit 1951 war auch Franz Ehrenwirths Tochter Irmengard im Verlag tätig, seit 1964 sein Schwiegersohn Ulrich Staudinger und sein Sohn Martin als Gesellschafter.

Während der Buchmesse 1955 las Franz Ehrenwirth in der Frankfurter Filiale des Berliner Café Kranzler ein Inserat in der „Süddeutschen Zeitung", in dem eine Villa am Herzogpark in München-Bogenhausen angeboten wurde. Wenig später kaufte die Ehrenwirth Verlag KG vom „weltbekannte(n) Antiquitätenhändler, Konsul Bernheimer", wie Ehrenwirth ihn in seinen Erinnerungen nannte, das Haus in der Vilshofener Straße 8. Anfängliche Zweifel konnten ihn letztendlich nicht vom Kauf abhalten: „Ich hatte zwar einige Bedenken wegen der großzügigen Art und auch wegen des Preises" – aber er glaubte daran, dass er das Haus „bald ausfüllen würde".

Mieter war zunächst noch das Bayerische Landespersonalamt, das das Haus nicht räumen wollte. In den Kellerräumen wohnte zudem die Familie des Hausmeisters. Erst im Juli 1956 zog das Personalamt nach Klagen durch zwei Instanzen endgültig aus, und der Ehrenwirth Verlag konnte in die „V8", wie das Haus nun verlagsintern genannt wurde, einziehen. 1955 feierte die Belegschaft bereits Weihnachten und gleichzeitig das zehnjährige Verlagsjubiläum in der großen Halle des Hauses.

Der eigentliche Umzug in die Vilshofener Straße 8 fand vom 1. bis zum 3. Juli 1956 statt. „Dies ist unser neues Verlagshaus und wenn draußen der Flieder blüht, ziehen wir hier ein", hatte der Verlagschef beschlossen. Die Raumnot, unter der die Verlagsmit-

Eine der ersten Publikationen
des Ehrenwirth Verlags.

arbeiter in der Güllstraße, wo der Verlag vorher als Mieter untergebracht war, gelitten hatten, war nun überwunden. Im Keller erfolgte die Auslieferung, drei Packer waren hier beschäftigt; und wenn alle drei Monate die Zeitschriften ausgeliefert wurden, stellte man zusätzliche Hilfskräfte ein. Manch eine Sekretärin musste zwar ein kleines ausgedientes Bad als Büro beziehen, aber im Großen und Ganzen waren die Verlagsmitarbeiter zufrieden.

Ein von Ehrenwirth selbst gezeichneter Grundriss der Villa bringt uns auf humoristische Weise das Haus ein bisschen näher. Der Plan ist untertitelt mit: „Dieser Plan erfüllt alle Wünsche, die Betriebsrat und Mitarbeiter je geäußert haben." Die Arbeitsräume beschränken sich auf ein Zimmer, das labyrinthartig in viele kleine Nischen unterteilt ist. Das „Kirchseeoner Brotzeit-Stüberl" und der „Leberkäsgrill" nehmen so viel Platz ein wie die gesamten Arbeitsräume – für das leibliche Wohl war in diesem idealtypischen Verlag also gesorgt. Zudem gab es einen speziellen Eingang für „Spätkommer" sowie einen eigenen Ausgang für „Frühgeher", sodass die Lerchen und Eulen sich ihrem natürlichen Biorhythmus anpassen konnten, und schließlich gab es noch einen Geheimausgang mit nicht genanntem Zweck. Nebst „Cognac Magazin" zeigte der Plan für die Damen ein „Wärme- und Strickzimmer" und eine „Klimaausgleichsanlage für Föhntage" – natürlich ein Muss für das von Kopfschmerzen geplagte bayerische Alpenvorland. Sauna und Kneippbad waren der Wellnesstempel des Hauses, und auch die sagenumwobene „Leiter zum Erfolg" gab es. Zentrum der Villa war jedoch die Festhalle mit Verweilmöglichkeit am Kamin für alle, gedacht zum Ratschen.

„So weit die Füße tragen": ein in der Vilshofener Strasse 8 geschriebener Bestseller

Ehrenwirth bewies 1955 nicht nur ein äußerst glückliches Händchen, als er die Villa erwarb, sondern auch, als er die Fluchtgeschichte „So weit die Füße tragen" verlegte. Die Geschichte, wie es zu dieser Publikation kam, erzählt Ehrenwirth selbst in seinen Erinnerungen. Auch wenn sie aus seiner Perspektive berichtet ist, zeigt sie doch die offene, interessierte und wagemutige Persönlichkeit des Verlegers Franz Ehrenwirth.

Nachdem der Schutzumschlag eines Buches aus dem Verlagsprogramm auch nach der dritten Korrektur schlecht gedruckt worden war, ließ Ehrenwirth den Reproduktionsfotografen Cornelius Rost zu sich rufen. Dieser entschuldigte sich und sagte, er sei seit seiner Flucht aus Sibirien farbenblind und hätte deswegen auch bereits gekündigt. Ehrenwirth ließ sich die Geschichte von Rosts Flucht erzählen, die ihn sehr erschütterte. Er gab Rost Geld und bat ihn, seine Erlebnisse aufzuschreiben. Das tat Rost und lieferte nach

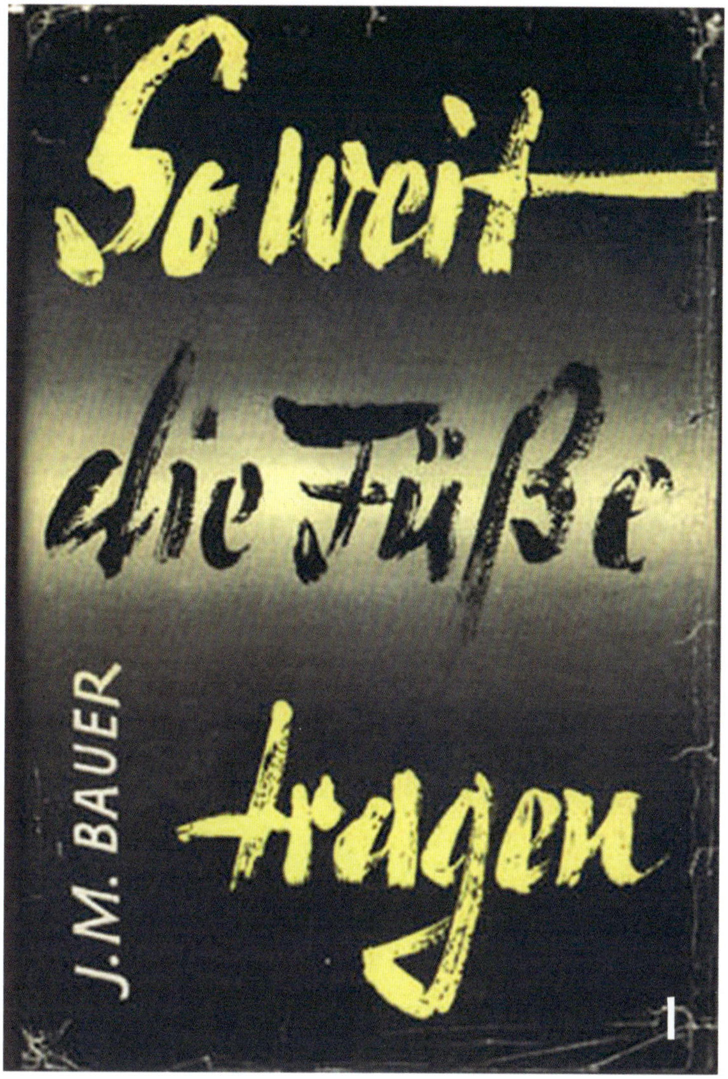

1 ◊ „So weit die Füße tragen“: ein in der Vilshofener Straße 8 geschriebener Bestseller.

2 ◊ Der Verfasser J. M. Bauer.

Schäfflertanz vor der Villa.

drei Monaten einen Stoß vollgeschriebener Schulhefte bei Franz Ehrenwirth ab. Seine Geschichte war abenteuerlich und kaum zu glauben: Als einer von 3,5 Millionen deutschen Kriegsgefangenen war er in der Sowjetunion 1945 in einem Massenprozess in der Lubjanka zu 25 Jahren Zwangsarbeit verurteilt worden. In einem Güterzug wurden die Gefangenen nach Tschita gebracht. Dort kamen von den 3200 Männern nur etwa 2000 lebend an, die anderen waren erfroren, verhungert oder an Typhus gestorben. Von dort aus ging es mit Hundeschlitten und zu Fuß bis nach Kap Deschnjow an der Beringstraße, dem äußersten Nordosten der Sowjetunion, wo die Überlebenden des Gewaltmarsches im Stollen eines Bleibergwerks arbeiten mussten. Die Lebensumstände waren menschenunwürdig, und selten sah einer der Gefangenen das Tageslicht. Alle träumten von Flucht. Nach Alaska zu fliehen war allerdings aussichtslos, nachdem die Amerikaner den Gefangenen Willi Bauknecht, dem dies gelungen war, den Russen wieder ausgeliefert hatten. Es blieb nur das Entkommen durch die Weiten Sibiriens. 1949 wurde Rost ins Lazarett gebracht, weil er schwer erkrankt war, und von hier aus gelang ihm mithilfe des deutschen Arztes Dr. Heinz Stauffer die Flucht.

Was sich nun ereignete, klingt tatsächlich nach dem Drehbuch für einen Abenteuerfilm: Rost zog fast ein ganzes Jahr lang mit drei russischen Strafgefangenen, die aus einem Goldbergwerk geflohen waren, durch Ostsibirien; es kam zu Mord und Totschlag wegen eines Goldklumpens, er lernte Jakuten und Rentierhirten kennen, die ihm weiterhalfen, er wurde von Wölfen angefallen und schließlich gelang es ihm, mit einem Holztransport nach Ulan-Ude zu kommen, wo er sich als baltischer Sträfling ausgab, bis ihn nach weiteren Verwicklungen Schmuggler quer durch den Kaukasus brachten und er iranisches Staatsgebiet erreichte. Hier wurde er verhaftet, weil man ihn zunächst für einen russischen Spion hielt, dann aber doch freigelassen. Über Ankara, Istanbul und Rom flog er darauf nach München, wo er am 22. Dezember 1952 eintraf, körperlich und seelisch völlig gebrochen.

Die Texte von Rost waren unfassbar packend, aber in dieser Form leider nicht zu veröffentlichen. Deswegen bat Ehrenwirth seinen Schulfreund Josef Martin Bauer, der ebenfalls Russlandkriegsteilnehmer gewesen war, den Text zusammen mit Cornelius Rost (im Buch heißt er Forell) zu überarbeiten. Drei oder vier Monate saßen die beiden in einem Zimmer in der Vilshofener Straße 8 und brachten mithilfe einer Landkarte von Sibirien, zahlreicher Werke über Russland, handschriftlicher Aufzeichnungen und Tonaufnahmen die Fluchtgeschichte in eine lesbare Form, wobei Bauer als der eigentliche Autor betrachtet werden muss.

Allein 1955 erschien das Buch in sieben Auflagen, und der Verlag kam „mit dem Drucken und dem Binden bis Weihnachten nicht mehr richtig nach“. Auch in den Folgejahren war es äußerst erfolgreich und wurde 1959 von Fritz Umgelter verfilmt: Die erst

1 ◇ Das Logo des Ehrenwirth Verlags mit der Villa.

2 ◇ Verlagschronik zum zehnjährigen Jubiläum.

3 ◇ Verlagslogo mit Löwe.

zwölfteilige, später in sechs Teilen ausgestrahlte Fernsehserie war ein wahrer Straßenfeger und die erste deutsche Fernsehserie, der ein solcher Erfolg zuteilwurde.

Später stellte sich heraus, dass sich die Geschichte wohl nie so zugetragen hatte. Tonbandaufnahmen, die die Familie Ehrenwirth anlässlich des 100. Geburtstags von Bauer zugänglich machte, beweisen, dass historische Details nicht stimmen und auch die Geschichte nicht wirklich zusammenpasst. Im geschilderten Zeitraum gab es beispielsweise kein Kriegsgefangenenlager am Kap Deschnjow. Außerdem war Cornelius Rost wohl kein Offizier, sondern hatte nur einen Mannschaftsdienstgrad und war laut Münchner Einwohnermeldeamt bereits am 28. Oktober 1947 aus sowjetischer Kriegsgefangenschaft entlassen und wieder in München gemeldet. Laut Roman kam er erst fünf Jahre später zurück. Natürlich stand es Bauer offen, die Erlebnisse Rosts zu einem Roman zu verdichten. Allerdings nahmen die Leser den Roman nicht als Fiktion, sondern als Tatsachenbericht wahr, und deswegen ist Bauers Unterfangen kritisch zu betrachten. Bauer selbst war Parteimitglied der NSDAP gewesen und hatte in der NS-Zeit propagandistische Werke und Texte veröffentlicht, insbesondere auch seine Kriegstagebücher sind in diesem Kontext zu sehen. „So weit die Füße tragen" hatte den Lesern das offeriert, was man ein „sozialpsychologisches Entlastungsangebot" nennt: Ein anständiger deutscher Soldat, der den Nazis gegenüber kritisch bis ablehnend war, taucht als Träger der deutschen Kultur im Feindesland auf und – auch das gehört zu einem packenden Roman – glänzt mit seiner Wirkung auf Frauen. Die im Roman gezeigten Russen dagegen teilen sich in zwei Gruppen: die freundlich, hilfsbereit und etwas kindlich Dargestellten und die fürchterlichen Unterdrücker, die Geheimdienst und Militär angehören und im Buch oft als „Asiaten" bezeichnet werden.

Der Roman wurde übrigens 2001 erneut unter der Regie von Hardy Martins verfilmt, mit Bernhard Bettermann in der Hauptrolle. Klugerweise konzentrierte sich die Neuverfilmung auf die Abenteuerelemente der Geschichte.

Nach diesem großen Erfolg hatte Josef Martin Bauer Pläne für weitere literarische Werke. Im Jahr 1958 sollte sein Buch „Kranich mit dem Stein" im Ehrenwirth Verlag erscheinen. Die Handlung des Buchs war von der Geschichte Kardinal Faulhabers inspiriert, die Figur hieß dort jedoch Kardinal Petuel. In der Geschichte stirbt Petuel nach der Silvesterpredigt in der Münchner Frauenkirche. Das Erschütternde an diesem fiktiven Ereignis war, dass ein paar Jahre später tatsächlich ein Kardinal nach seiner Silvesterpredigt in München starb. Franz Ehrenwirth und Josef Martin Bauer waren bestürzt über diese Parallele zwischen Fiktion und Realität, dem Buch aber brachte sie jede Menge Aufmerksamkeit.

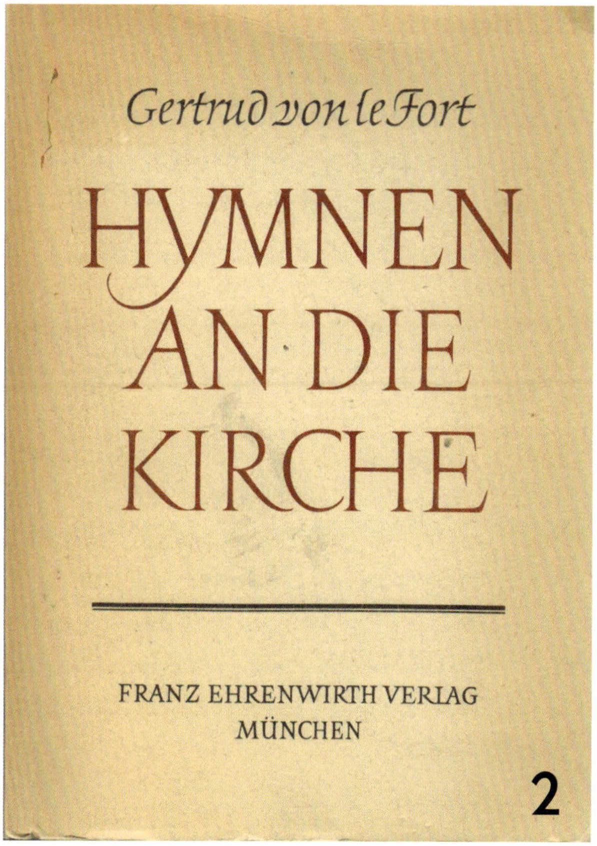

1 ◊ Briefmarke der Bundespost anlässlich Gertrud von le Forts Tod 1971.

2 ◊ Eines ihrer bei Franz Ehrenwirth verlegten Bücher.

Die fetten Jahre

1967 kaufte Ehrenwirth den Schneekluth Verlag, der unter seinem alten Namen weitergeführt wurde. Hier erschienen unter anderem die Romane Utta Danellas. Die 1920 in Leipzig als Utta Denneler geborene Schriftstellerin gehört zu den erfolgreichsten deutschen Autorinnen des 20. Jahrhunderts. Ihre Liebesromane wurden mehr als 70 Millionen Mal verkauft und mehrfach für das Fernsehen verfilmt. 1950 war sie mit ihrem Mann nach München gezogen, wo sie heimlich auf dem Dachboden – sie wollte sich vor ihrem Mann nicht blamieren – ihren ersten Roman schrieb. Mehrere Verlage zeigten Interesse an ihrem Erstlingswerk, aber dass das Manuskript 1 000 Seiten umfasste, ließ die meisten zurückschrecken. Nur der Verleger Franz Schneekluth machte ihr ein Angebot: Sie solle den Text um die Hälfte kürzen und unter einem Pseudonym veröffentlichen. Utta, die seit ihrer Heirat Schneider hieß, akzeptierte das Angebot, und Utta Danella (in Anlehnung an ihren Mädchennamen) war geboren. Der vierte Roman „Stella Termogen oder Die Versuchungen der Jahre“, verfasst 1960, brachte den Durchbruch. Der Roman wurde in kürzester Zeit hunderttausendmal verkauft. Neben Liebesromanen schrieb Utta Danella auch Sachbücher, Erzählungen und Jugendbücher und übersetzte englische Romane ins Deutsche. 2015 starb die Schriftstellerin 95-jährig in München.

Der Schneekluth Verlag wurde von Ehrenwirths Schwiegersohn Ulrich Staudinger geführt, der 1960 Ehrenwirths Tochter Irmengard geheiratet hatte. Staudinger hatte seine Ausbildung bei Carl Hanser absolviert und daneben im Buchhandel gelernt. 1976 kaufte Staudinger den Verlag schließlich Ehrenwirth ab und blieb bis 1996 dessen Verleger. 1980 übernahm er zusätzlich den Verlag Philosophia. Nach Staudinger hatte Franz Ehrenwirths Sohn Martin die Geschäftsführung des Ehrenwirth Verlags inne.

Im Laufe der Jahre bildeten sich bei Ehrenwirth zwei große Geschäftsbereiche heraus. Beim ersten drehte sich alles um Belletristik und Sachbücher, vor allem aus dem Gebiet „Haus und Garten“ und der sogenannten Kneipp-Literatur. Verlegt wurden außerdem Hobby-Ratgeber sowie Lese- und Vorlesebücher wie „Jetzt kommt euer Betthupferl“, die in Zusammenarbeit mit dem Bayerischen Rundfunk entstanden. Der zweite Geschäftsbereich, ab 1965 der wichtigere, bestand aus Fachbüchern zu den Themen Philosophie und Pädagogik und Schulbüchern sowie Zeitschriften.

Ehrenwirth profitierte davon, dass er vor Gründung des Verlags bereits viele Kontakte in der Branche hergestellt hatte; so konnte er etwa die Rechte an den Büchern der Autorin Gertrud von le Fort übernehmen. Gertrud von le Fort, die auch unter den Pseudonymen Gerta von Stark und Petrea Vallerin publizierte, schrieb Romane und Erzählungen, in denen Glaubensfragen im historischen Gewand thematisiert werden. „Die Letzte am Schafott“ aus dem Jahr 1932 etwa erzählt vom Schicksal der Märtyrerinnen von Com-

1 ◊ Zeichnung von Franz Ehrenwirth.

2 ◊ Franz Ehrenwirth.

3 ◊ Franz Ehrenwirth in seinem Büro in der Vilshofener Straße.

piègne, 16 Karmeliterinnen, die während der Französischen Revolution mit der Guillotine hingerichtet wurden. Der Stoff wurde 1948 von Georges Bernanos dramatisiert (der deutsche Titel lautete „Die begnadete Angst“) und diente wiederum als Vorlage für die Oper „Dialogues des Carmélites“ von Francis Poulenc, die an der Mailänder Scala uraufgeführt wurde.

Ehrenwirth und le Fort verband eine lange Verleger-Autorinnen-Beziehung. Bereits 1932 besuchte Ehrenwirth die Autorin das erste Mal in ihrem Haus in Baierbrunn, damals noch als Angestellter von Kösel-Pustet. Was mit der Freigabe eines Schutzumschlags beginnen sollte, endete schließlich in einer Diskussion über Religion und Geschichte – kurz gesagt über Gott und die Welt. Von nun an war Franz Ehrenwirth so etwas wie le Forts Vertrauter. Nach eigener Aussage konnte er zum Beispiel verhindern, dass le Forts Buch „Der Papst aus dem Ghetto“ von den Nazis verboten wurde – womöglich wäre so ihr gesamtes Lebenswerk in Verruf geraten. Sie blieb Ehrenwirth als langjährige Autorin seines eigenen Verlages treu.

Ein weiterer Bestseller war Werner Büdelers „Aufbruch in den Weltraum“ aus dem Jahr 1968. Büdeler, Sachbuchautor und Vorstandsmitglied der „Deutschen Gesellschaft für Luft- und Raumfahrt“, publizierte zahlreiche Bücher zu diesem Thema. Er war auch Herausgeber der Zeitschrift „Weltraumfahrt/Raketentechnik“ und Reporter der ARD in Cape Canaveral und Houston.

Äußerst wichtig für den Verlag war Georg Lohmeier, der deutsche Schriftsteller, Dramatiker, Regisseur, Mitarbeiter des Bayerischen Rundfunks und Schauspieler und Verfasser des „Königlich Bayerischen Amtsgerichts“ sowie zahlreicher Stücke des „Komödienstadels“ und Mitglied der Münchner Turmschreiber.

Lohmeier, jüngstes von neun Kindern einer Bauern- und Brauerfamilie in Loh, besuchte zunächst das Dom-Gymnasium und das Priesterseminar in Freising, wo er sich mit dem späteren Papst Benedikt XVI. anfreundete. Er begann in München Theologie zu studieren, brach dieses Studium aber vor dem Empfang der niederen Weihen ab, weil er sich verliebte. Stattdessen studierte er Theaterwissenschaft und Kunstgeschichte. Bekannt ist Lohmeier vor allem für seine 1974 geäußerte Forderung, Bayern sollte zur Monarchie zurückkehren. „Die Heimat seufzt nach einem schönen König – nicht, weil wir unbedingt einen brauchen, sondern weil es schöner wär!“

Walter Flemmer beschreibt in seinem Buch „Verlage in Bayern“ einen Besuch bei Franz Ehrenwirt, der hier ganz wiedergegeben werden soll, weil er auf unnachahmliche Weise zeigt, wie man sich die Villa in der Vilshofener Strasse 8 als Verlagshaus vorstellen muss: „Stille, das ist der erste Eindruck, der den Besucher empfängt, wenn er in die hohe Empfangshalle des Ehrenwirthschen Domizils in der Vilshofener Straße 8 in Bogenhausen tritt und darauf wartet, beim Herrn des Hauses vorgelassen zu werden, die steile Treppe hinaufsteigen zu dürfen in die geheiligten Räume im ersten Stock, wo die Gedanken zu Büchern werden. Mit hohen Fenstern öffnet sich der Raum in den herrschaftlichen Garten, über dem offenen marmorgefaßten Kamin, in dem die Scheite geschichtet sind, hängt ein Putto, links von ihm ein Leuchter mit drei Kerzen. Hochlehnige Stühle, riesige Gummibäume vor den Fenstern, Blattpflanzen auf niederen Bänken, kaum ein Knarren von Dielen, von Türen, die geöffnet oder geschlossen werden, ist zu vernehmen … Bürgerlich geruhsam, freundlich, doch immer distanziert, vielleicht ein wenig skeptisch, so wird der Besucher dann oben, nachdem er genügend Zeit hatte, sich unten umzusehen, in der Halle umherzuwandern, im Sanktuarium des Hauses vom Verleger begrüßt. Franz Ehrenwirth hat etwas Patriarchalisches an sich, vor seinen Büchern, hinter dem breiten Schreibtisch thront der kleine kräftige Hausherr mehr als er sitzt, sich seiner Würde sichtlich bewußt, irgendwie der geborene Ehrenpräsident des Bayerischen Verleger- und Buchhändlerverbandes, dessen rühriger Vorsitzender er lange Jahre war. Und ein wenig Eigensinn, Starrköpfigkeit steht ihm ins Gesicht geschrieben, auch wenn er sein Haus längst bestellt hat und die ganze Familie samt Tochter und Schwiegersohn mit Aufgaben und Verantwortungen genug betraut hat, so mag man es doch gerne glauben, wenn er sagt, daß er immer noch mitmache und daß die Jungen gar nicht immer seiner Meinung seien und er natürlich auch nicht immer ihre Ansichten teile."

Der Verleger Franz Ehrenwirth und seine Autorinnen und Autoren

„Herr Ehrenwirth läßt Ihnen seine besten Wünsche übermitteln und dankt Ihnen für die Geduld, die Sie mit uns überlasteten Verlegern und Lektoren haben."
Ein Lektor des Ehrenwirth Verlags an einen seiner Autoren.

Eigensinnig und starrköpfig mag Ehrenwirth gewesen sein, er hatte aber zu den meisten seiner Autorinnen und Autoren ein sehr gutes persönliches Verhältnis. Und auch wenn es in München besonders viele Verlagshäuser gab, konnte sich der Ehrenwirth Verlag mit seinem Programm durchaus sehen lassen. Denn natürlich sind es vor allen Dingen die Autorinnen und Autoren, die einen Verlag ausmachen.

Genannt sei hier Artur Kutscher, dessen Autobiografie im Ehrenwirth Verlag erscheinen sollte und der laut Franz Ehrenwirth „wohl als bayerische Einrichtung zu gelten [hatte]". Kutscher war bekannter Literatur- und Theaterwissenschaftler und Professor in München, zu dessen Studenten unter anderem Bertolt Brecht, Ödön von Horváth oder Helmut Käutner gehört hatten. Er wurde 1878 in Hannover geboren, war mit Frank Wedekind befreundet, ordnete dessen Nachlass und schrieb eine Biografie über ihn.

Der Briefwechsel zwischen dem Professor und dem Verlag zeigt, dass sich auch große Persönlichkeiten den alltäglichen Arbeitsabläufen der Verlagsarbeit und den immer wieder auftretenden Verzögerungen fügen mussten. In einem Brief vom 3. Dezember 1958 kam Franz Ehrenwirth nach einem zuvor erfolgten Besuch bei Artur Kutscher mit einem konkreten Vorschlag auf Letzteren zu: Er wolle die Erinnerungen des Professors unter dem Titel „Der Ausserordentliche" herausbringen – in einer Erstauflage von 5 000 Exemplaren –, da er den „guten Absatz dieses Buches" voraussah. Nachdem das Manuskript bis Ende Februar 1959 von Kutscher fertiggestellt werden sollte, war der Verlag mit dem Lektorat und dem Erstellen von Fahnen an der Reihe, die portionsweise an Kutscher zur nochmaligen Durchsicht versendet wurden. Offensichtlich war Kutscher über das Arbeitstempo des Verlags an seinem Werk nicht erfreut, sodass der zuständige Lektor A. Reidt im Namen Ehrenwirths im November 1959 beschwichtigen musste: „Herr Ehrenwirth läßt Ihnen seine besten Wünsche übermitteln und dankt Ihnen für die Geduld, die Sie mit uns überlasteten Verlegern und Lektoren haben." Doch auch danach kam es zu weiteren, unbeabsichtigten Verzögerungen „infolge außerordentlich starker Belastung", wie Herr Reidt dem betagten Professor versicherte, der selbst immer wieder auf die Fertigstellung seines Buches drängte. Ihm konnte von Verlagsseite aber nur ein Erscheinen im Herbst 1960 in Aussicht gestellt werden. Die anfänglich versprochene, sorgfältig vorgenommene Ausstattung inklusive Porträts und Grafik sowie das Lektorat und Korrektorat nahmen viel Zeit in Anspruch.

Letztlich sollte Artur Kutscher die Veröffentlichung seiner Biografie, die nun den Namen „Der Theaterprofessor. Ein Leben für die Wissenschaft vom Theater" erhalten hatte, nicht mehr erleben. Er starb am 29. August 1960 im Alter von 82 Jahren. Franz Ehrenwirth konnte daher am 17. Oktober 1960 nur noch der Witwe Betty Kutscher mitteilen, dass „die Autobiographie Ihres verstorbenen Herrn Gemahls fertig geworden" sei. Gleichzeitig bedauerte er: „Wie schade ist es, daß Herr Professor Kutscher diesen Augenblick nicht mehr erleben durfte!"

Unterschiedliche Wünsche und Vorstellungen, vor allem was die zeitlichen Abläufe betraf, kamen bei der Zusammenarbeit von Verlag mit Autorinnen und Autoren immer wieder vor, wobei nicht immer der Verlag für die Verzögerungen verantwortlich war. In diesem Zusammenhang soll ein Brief von Frank Auerbach, der von 1977 bis 1986 den Ehrenwirth Verlag leitete, hervorgehoben werden. Nachdem der Verlag unter Termindruck bezüglich eines neuen bayerischen Buches stand, war Frank Auerbach wenig erfreut, als sich das Autorentrio Hannes Burger, Ernst Fischer und Herbert Riehl-Heyse nicht rechtzeitig meldete. Vielleicht veranlasste der namensgebende Inhalt des Buchs, „Bayern braucht Wolpertinger", Herrn Auerbach zu folgenden Zeilen: „Lübe Freinde, überhaupz find i es net schee von Eich, wanns mi einfach links liegn lassts und mir Eier neichs Büachl

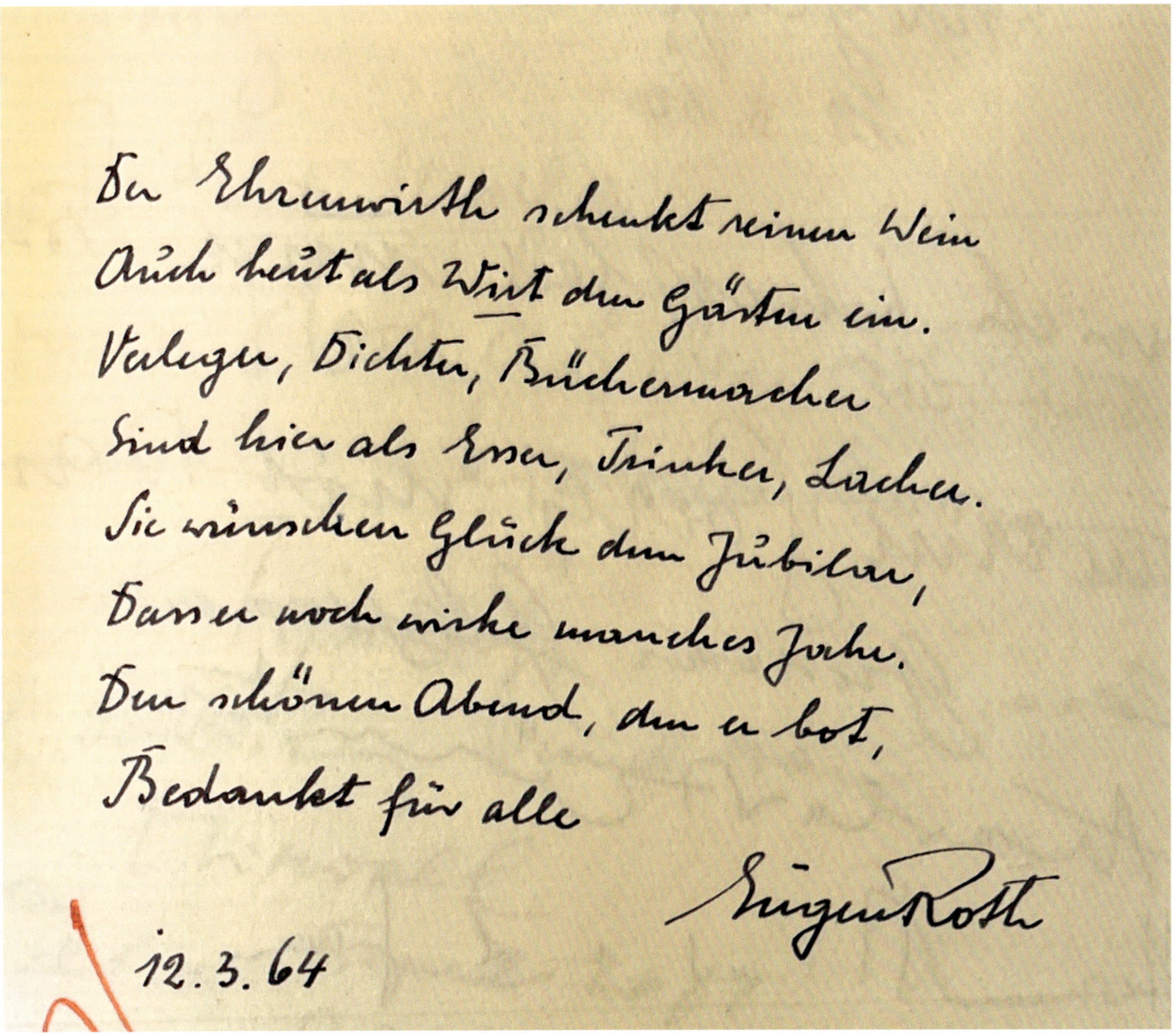

Der Ehrenwirth schenkt seinen Wein
Auch heut als Wirt den Gästen ein.
Verleger, Dichter, Büchermacher
Sind hier als Esser, Trinker, Lacher.
Sie wünschen Glück dem Jubilar,
Dass er noch wirke manches Jahr.
Den schönen Abend, den er bot,
Bedankt für alle

Eugen Roth

12.3.64

Gästebucheintrag von Eugen Roth bei der Feier anlässlich des 60. Geburtstags von Franz Ehrenwirth.

net schickts, wo mir doch alle informürt sei müassn zwengs dera großen Gefahr durch de Preißn. // Und mecht es scho sei, daß Ihr so notig seids. Drum schick i Eich zum Tausch a anders Büachl, was Ihr vielleicht no net kennts. // Es grüaßt Eich in oida Treue // i. A. M. Katsdie [?] // Frank Auerbach … (nach Diktat verreist)". Unter diesen Zeilen findet sich eine handschriftliche Antwort von Herbert Riehl-Heyse im Namen der drei Autoren, in der er versichert, dass „unsere Vorbereitungen zwecks Zusendung unseres neuen Buches schon sehr weit gediehen [waren], als uns Ihr lieber Brief erreichte". Insgesamt lief die Zusammenarbeit zwischen Verlag und Autorinnen und Autoren jedoch meist ohne größere Zwischenfälle.

Im Büro des Chefs allerdings soll ein rechtes Chaos geherrscht haben – böse Zungen möchten auf gut Bairisch sagen, dass es sich um einen „Verhau" gehandelt habe. Jedenfalls hüteten sich die Mitarbeiter des Verlags davor, Franz Ehrenwirth Dokumente im Original zu überreichen, denn die verschwanden nur zu gerne auf unerklärliche Weise. Wie dem auch sei, Ehrenwirth hatte eines Tages einen Termin mit einem Journalisten des Bayerischen Rundfunks – und Sohn Martin war über den Zustand des Büros etwas besorgt, doch sein Vater versicherte ihm, er solle sich keine Gedanken machen, denn er habe alle Manuskripte in die Badewanne im angrenzenden Badezimmer geschafft. Der Journalist allerdings sah die Badewanne, als er die Toilette aufsuchen musste. Der gewiefte Verleger zog sich auch hier geschwind aus der Affäre: Das seien die Dinge, die er heute noch bearbeiten müsse. Der Journalist war sprachlos und erwähnte Martin Ehrenwirth gegenüber, sein Vater sei beängstigend fleißig.

Bairisch im Buch

Wie der zitierte Brief von Franz Auerbach auf Bairisch bereits deutlich gemacht hat: Der Münchner Verlag war sehr mit der bayerischen Kultur verbunden. Allerdings gestaltete sich das Verhältnis zu Büchern, die Bayern zum Thema hatten oder sogar auf Bairisch erscheinen sollten, im Laufe der Zeit immer wieder anders.

Die bayerische Mundart wurde im Ehrenwirth Verlag etwa in Form von Gedichten gepflegt, Anton Neuhäusler alias Franz Ringseis veröffentlichte hier seine Gedichte auf Bairisch. Wie es dazu kam? Auf einer Feier im Verlag war auf einmal ein Vers im Gästebuch über die gereichten Salzstangerl aufgetaucht. Franz Ehrenwirth war begeistert und fragte den Urheber, ob er mehr davon schreiben könne. Ringseis hatte bereits mehr geschrieben, und so entstand die Sammlung „A Wassafoi mechat i sei".

Der Verlag brachte zahlreiche Bücher im Segment der Bavarica heraus. Sowohl von bereits verstorbenen Persönlichkeiten wie Lena Christ, deren „Lausdirndlgeschichten"

Titelillustration von Franziska Bilek für ein Buch des Ehrenwirth Verlags.

„Der Bundespräsident besucht den Messestand und nimmt den Verleger beim Ohr." Franz Ehrenwirth mit Theodor Heuss auf der Frankfurter Buchmesse 1958.

ihre Tochter Magdalena (Lena) Dietz bei Ehrenwirth erneut auflegen ließ, als auch von damals bekannten bayerischen Autoren wie Ernst Hoferichter, Herbert Riehl-Heyse oder Bernhard Ücker, dessen Bestseller „Bayern, der widerspenstige Freistaat“ 1975 erschien. Generell kamen mit der Zeit vermehrt Bücher zur Geschichte Bayerns hinzu, so 1980 das von Kurt Preis geschriebene „München unterm Hakenkreuz“.

Allerdings war es dem Verlag nicht möglich, alle Wünsche von Autorinnen und Autoren aus diesem Segment zu erfüllen. So schrieb Dr. Hoyer vom Ehrenwirth Verlag an den Mundartdichter Max Dingler, dass dessen Manuskript „Michael Ötschmann, Der Kistler“ nicht zu verlegen sei, da das Thema eines Tischlers aus dem Bayern der Frühen Neuzeit schlicht zu bayerisch sei und solche Werke bereits früher nicht erfolgreich gewesen seien: „Leider liess der Erfülg dieser Unternehmungen aber sehr zu wünschen übrig.“

Nicht jeder Vorschlag entsprach dem Geschmack des Publikums, auch wenn sich viele Bavarica-Bücher vom Ende der 1950er Jahre bis in die 1970er zum „Longseller“ entwickelten. So hatte der Münchner Theaterregisseur Leopold Ahlsen mit seiner Buchidee „Klassische Komödien auf bairisch“ im Jahr 1978 kein Durchkommen. Frank Auerbach musste ihm mitteilen, dass er nicht verlegt werden könne, da ein solches Buch keine Marktchancen hätte. Andere Autoren wie Kurt Seeberger trafen den Nerv der Zeit besser, sein Büchlein über Schwabing in den 1980er Jahren konnte gleich zweimal aufgelegt werden.

Franz Ehrenwirth – ein Mann der Münchner Society

Über Franz Ehrenwirth sind viele Geschichten und Anekdoten bekannt. Etwa, dass er von den Mitarbeitern des Verlags „Ahab“ genannt wurde, nach der Romanfigur aus Melvilles „Moby-Dick“. Wie Ahab hinkte auch Ehrenwirth leicht, und seinen Gang erkannte man schnell – so wussten die Mitarbeiterinnen und Mitarbeiter des Verlags sofort, wann sie sich wieder an die Arbeit machen und den Kaffeeklatsch unterbrechen mussten. Diese Anekdoten klingen manchmal ein wenig schrullig, dürfen aber keinesfalls darüber hinwegtäuschen, dass der Ehrenwirth Verlag in der Vilshofener Straße 8 ein Treffpunkt der gesamten Münchner Verlagsszene war und dass Ehrenwirth selbst unglaublich gut vernetzt war. Hiervon zeugen mehrere dicke Gästebücher aus dem Besitz seines Sohnes Martin Ehrenwirth. „Wenn es heute üblich ist, daß fast jedes Buch mit einem Empfang gefeiert wird, so war das damals eigentlich etwas Neues. Aber wir haben viele solcher Empfänge gefeiert; mit den Autoren Horst Wolfram Geißler und Josef Martin Bauer zu deren Geburtstagen, oder zum Erscheinen eines neuen Werkes mit der Vorstellung der neuen Bücher … Es blieb nicht nur bei diesen verlagsbedingten Festen, auch eine Reihe von Faschingsfesten wurde gefeiert, und es war sicher auch zum Nutzen des Verlages, einmal mit Mitarbeitern, Autoren und interessanten Gästen beim Vergnügen und beim ausgelassenen Faschingsspiel zusammen zu sein", erinnert sich der Verleger. Die Villa war etwa Treffpunkt der „Schöngeistigen Verleger"; hier trafen sich alle namhaften Münchner Verleger, von Klaus Piper bis zu Heinz Friedrich vom dtv. Auch die berühmte Illustratorin und Karikaturistin Franziska Bilek ließ es sich nicht nehmen, zusammen mit ihrem Mann im November 1959 bei Ehrenwirth zu erscheinen. Bilek zeichnete für die „Münchner Neuesten Nachrichten", den „Simplicissimus" und für die „Abendzeitung". Besonders bekannt ist ihr „Herr Hirnbeiß", der mit seinem Dackel das Münchner Tagesgeschehen kommentierte. Sie illustrierte auch die gesammelten Werke von Karl Valentin.

Wiederkehrender Gast war ebenfalls der Münchner Lyriker Eugen Roth, der seit 1948 erfolgreich beim benachbarten Carl Hanser Verlag publizierte. So schrieb Roth anlässlich Franz Ehrenwirths 60. Geburtstag am 12. März 1964 folgendes Gedicht in das Gästebuch:

Der Ehrenwirth schenkt seinen Wein
Auch heut als Wirt den Gästen ein.
Verleger, Dichter, Büchermacher
Sind hier als Esser, Trinker, Lacher.
Sie wünschen Glück dem Jubilar,
Dass er noch wirke manches Jahr.

Etwas Schöneres als solche Glückwünsche von einem Star der Münchner Literaturszene kann sich ein Verleger wohl nicht vorstellen.

Die Villa war immer wieder Ort für gesellige Veranstaltungen wie etwa das „Leberkas-Kolleg" oder den „Bayerischen Olymp". Franz Ehrenwirth stand seinen Vorgängern, den Münchner Bücherfreunden und Otto Deutsch-Zeltmann, in nichts nach, was gesellige Abende betraf.

Anlässlich seines 75. Geburtstages lud Ehrenwirth zu einer Theatervorstellung in das altehrwürdige Münchner Cuvilliéstheater in der Residenz ein. Der Jubilar selbst hatte in der Königsloge Platz genommen. In dem Rokokotheater wurde nicht etwa eine Wagner-Oper nach dem Vorbild Ludwigs II. gegeben, sondern – wie es sich zu Ehren eines bayerischen Urgesteins gehört – der „Brandner Kaspar" gespielt. Der Abend muss ein Society-Event sondergleichen gewesen sein, alle Zeitungen berichteten darüber. Alles, was Rang und Namen hatte, wohnte der Aufführung bei. In der „Abendzeitung" war gar ein Bild abgedruckt, wie Filmstar Maria Schell Ehrenwirth zu seinen 75 Lenzen gratulierte. Franz Ehrenwirth war eine Institution in der Münchner Verlagsszene.

Legendär ist auch ein Schnappschuss von der Frankfurter Buchmesse des Jahres 1958. Fast sieht es auf dem Foto so aus, als würde der damalige Bundespräsident Theodor Heuss den Verleger Franz Ehrenwirth, der herzhaft und schelmisch lacht, am Ohrwaschel packen. Das Foto ist untertitelt mit: „Der Bundespräsident besucht den Messestand und nimmt den Verleger beim Ohr."

Verkauf des Ehrenwirth Verlags

Der Ehrenwirth Verlag war im kulturellen und gesellschaftlichen Leben eine Institution im München der Nachkriegszeit und auch darüber hinaus. Jedoch wurden die Zeiten für Verlage schwieriger, und die 1990er Jahre sollten für den Ehrenwirth Verlag den Niedergang bedeuten. Das deutsche Verlagswesen gegen Ende des 20. Jahrhunderts war von Konzentrations- und Internationalisierungsprozessen geprägt, die auch am Ehrenwirth Verlag nicht spurlos vorbeigingen. Die fetten Jahre waren vorbei. Das Verlagsgebäude musste schließlich verkauft werden, es war zu teuer geworden und entsprach nicht mehr den neuen Anforderungen im Verlagswesen. Der Verlag sollte noch ein paar Jahre weiter in der Schwanthalerstraße existieren. Nach dem Tod Franz Ehrenwirths ging er zunächst in den Besitz des österreichischen Veritas-Verlags über. Seit 1997 gehört der Ehrenwirth Verlag zur Verlagsgruppe Bastei Lübbe. Martin Ehrenwirth war nach der Aufgabe des Verlags als Literaturagent tätig. Er lebt nach wie vor in München.

Kapitel

5

Auf zu neuem Glanz!

KLAUS LAMINET (1993 – heute)

Im Sommer 1993 kam die Villa in der Vilshofener Straße in den Besitz von Klaus Laminet und seinem damaligen Geschäftspartner Dr. Klaus Märten – unterschrieben war der Vertrag in nur drei Tagen, es handelte sich schließlich um die einmalige Gelegenheit, ein denkmalgeschütztes Haus in bester Lage im Herzogpark zu erwerben. Das Anwesen wurde damals einem Bauträger in Grünwald, einem Herrn Braun, abgekauft. Die Villa beherbergte eine Anwaltskanzlei mit circa 50 Mitarbeiterinnen und Mitarbeitern. Allerdings zeigte sich bald, dass das Haus und seine Kapazitäten für eine expandierende Kanzlei dieser Größenordnung nicht ausreichten – der Umzug in ein modernes Bürogebäude wurde vollzogen.

Der Geschäftszweck der Investa Projektentwicklungs- und Verwaltungsgesellschaft mbH und ihrer Beteiligungsgesellschaften („Investa") ist seit ihrer Gründung im Jahre 1972 die Planung und Durchführung von Immobilienprojekten im In- und Ausland. In den vergangenen Jahrzehnten hat sich die Firma zu einem Konzern erweitert, der das komplette Leistungsspektrum rund um die Immobilie anbieten kann. Insgesamt wurden bis heute über 5 Milliarden Euro an Investitionen in Immobilien getätigt. Zu den Projekten der Investa zählen unter anderem die Maximilianstraße 35 in München, das Telegrafenamt am Münchner Hauptbahnhof, das Munich Ordercenter in Freimann, Wohnungen und Büros an der Alten Messe sowie Projekte in Amsterdam, Wien und Berlin, hier beispielsweise das Köbis Dreieck, der Marienpark, Nike Town an der Tauentzienstraße sowie große Flächen am Flughafen Berlin Schönefeld.

Etwa 25 Jahre lang waren in der Vilshofener Straße die Büros der Investa mit ca. 40 Mitarbeiterinnen und Mitarbeitern untergebracht. Vor 10 Jahren hat Rupprecht Rittweger den BGB-Anteil von Dr. Klaus Märten übernommen – Rupprecht Rittweger ist bis heute der Partner von Klaus Laminet in der Investa Real Estate.

Das Haus und seine Grundrisse erzeugten mit den kurzen Wegen einen eher familiären Charakter des Zusammenarbeitens. Regelmäßig wurden Firmenfeiern in der großen Halle ausgerichtet, die Villa bot aber auch einen repräsentativen Rahmen für Treffen mit Geschäftspartnern und Freunden aus der ganzen Welt. Irgendwann reichte der Platz in der Vilshofener Straße nicht mehr aus, und die Investa zog in ein modernes Bürogebäude in der Törringstraße in München Bogenhausen um. Klaus Laminet musste sich nun entscheiden: das Haus behalten und nach Denkmalschutzvorschriften sanieren (die technischen Anlagen und der Brandschutz waren nicht mehr auf dem aktuellen Stand) oder verkaufen. Er entschied sich für Ersteres.

Die Renovierung der Villa 2017

Nun begann der Umbau des Anwesens nach den Vorgaben des Denkmalschutzes – allein alle notwendigen Genehmigungen einzuholen dauerte bereits zwei Jahre. In dieser Zeit stand das Haus leer. Die Renovierungsarbeiten wurden von dem Münchner Architekturbüro Landau + Kindelbacher und dem Ingenieurbüro Marcus Gruber – einem langjährigen Weggefährten von Klaus Laminet – sowie dem Büro Teebken Architekten durchgeführt. Den Architekten lag es bei diesem Projekt besonders am Herzen, der Ausstrahlung des Gebäudes mit Respekt zu begegnen und sein durch die Geschichte geprägtes Wesen zu wahren, um so trotz moderner Elemente auch die Verbindung zur Vergangenheit spürbar zu machen. Die Arbeit an denkmalgeschützten Bauwerken erfordert eine tiefgreifende Planung und eine Vielzahl von Absprachen, etwa mit dem Landesamt für Denkmalpflege und der Denkmalschutzbehörde; doch die Architekten von Landau + Kindelbacher sind unter anderem auf die Arbeit an denkmalgeschützten Gebäuden spezialisiert. Bereits zweimal wurden sie mit dem Fassadenpreis der Stadt München ausgezeichnet, einmal für ein Wohnhaus auf der Prinz-Ludwig-Höhe und einmal für das Schiffmacherhaus am Viktualienmarkt. Darüber hinaus gewannen sie unter anderem auch den Förderpreis Architektur der Landeshauptstadt München.

Die große Herausforderung solcher Projekte ist es, die Bauvorschriften, die Bautechnik und die Statik des Gebäudes sorgfältig, aber dezent zu ertüchtigen und moderne Technik unauffällig unterzubringen. Zudem bestand die Gefahr, dass das Haus durch die Unterteilung in verschiedene Büroräume nicht mehr als ein Ganzes erscheinen könne. Um dies zu verhindern, wurde ein übergreifendes, auf Licht- und Fußbodengestaltung basierendes Konzept erstellt, das im gesamten Haus umgesetzt wurde.

Die Auseinandersetzung mit der architektonischen Geschichte des Hauses nahm in bestimmten Fällen auch ganz konkret Einfluss auf den Entwurf der Architekten. Aus diesem Grund wurden zunächst umfassende Nachforschungen angestellt, bevor mit der eigentlichen Umsetzung des Gesamtkonzepts begonnen wurde. Auf der Grundlage eines alten Gemäldes ließ sich beispielsweise ermitteln, dass die Villa ursprünglich nicht im sogenannten Münchner Gelb gestrichen war. In den 1960er Jahren war das Haus unter dem Architekten Ernst Hürlimann modernisiert worden. Hürlimann schuf in München unter anderem das Drehrestaurant des Olympiaturms und das ehemalige Luxushotel Königshof am Karlsplatz. Heute ist er aber vor allem für seine Zeichnungen bekannt, denn er war es, der als Karikaturist dem „Blasius“, der bekannten Kolumne von Sigi Sommer in der Münchner „Abendzeitung“, sein markantes Aussehen verlieh. Franz Ehrenwirth kannte Hürlimann, der einige Bücher des Ehrenwirth Verlags illustriert hatte, gut und beauftragte ihn mit dem Umbau der Villa. Unter seiner Leitung wurden unter anderem die heute

Die Villa vor ihrer Renovierung bei Nacht.

sichtbaren kupferfarbenen Gauben hinzugefügt, und vermutlich wurde im Rahmen dieser Umbaumaßnahmen auch die gelbe Farbe für den Außenanstrich gewählt. Nun soll das Haus von außen aber wieder mit dem ursprünglichen Ochsenblutrot die Blicke der Passanten auf sich ziehen.

Auch im Innenausbau wurden Veränderungen mit Bedacht vorgenommen, um der Geschichte des Hauses gerecht zu werden. Die Grundzüge der Inneneinrichtung sollten authentisch erhalten bleiben, weshalb beispielsweise neben der Beibehaltung der klassischen Raumfolge diverse Einbaumöbel nicht entfernt und neu gefertigt, sondern vor Ort aufwendig restauriert wurden, ebenso wie die Kamine. Darüber hinaus sollten sich die neu hinzugefügten Elemente stimmig in das bereits bestehende Gesamtbild einfügen. So wurde etwa die Struktur des Dachstuhls sorgsam herausgearbeitet, um die Balken im Dachgeschoss sichtbar zu machen. Gleichzeitig konnte hinsichtlich mancher Eigenheiten nicht auf eine Modernisierung verzichtet werden – beispielsweise wurde der Keller grundsaniert, um auch hier Büroflächen entstehen zu lassen. Zudem wurde ein Aufzug eingebaut. Auch die Terrasse musste aufgrund ihrer irreparablen Baufälligkeit neu angelegt werden.

Die große Kunst der Sanierung eines denkmalgeschützten Gebäudes ist es, neben einer zeitgemäßen Gestaltung auch die prägenden Elemente vergangener Stilepochen rücksichtsvoll zu bewahren. In der Villa an der Vilshofener Straße 8 ist dies eindrucksvoll gelungen – man ahnt, dass dieses Vorhaben unter vielen anderen bedeutenden Projekten für den Bauherrn wie auch für die ausführenden Architekten besonders war.

Im Herbst 2022 war es dann endlich so weit: Klaus Laminet kehrte mit seinem Family Office in die Vilshofener Straße zurück und bezog sein neues, altes Büro wieder. Seine Vision für die Villa ist es, einen Ort für „Family and Friends“ zu schaffen. Mitglieder seiner Familie sowie befreundete Firmen haben dort ihre Büros, arbeiten und leben zusammen. Herzstück dieses neuen Work-Living-Spaces ist die große Halle der Villa, die, wie auch der neu geschaffene Weinkeller und der Garten, von allen als Location für Events und andere Zusammenkünfte genutzt werden kann – wie in den letzten 100 Jahren.

8
Vilshofenerstr.

ROCKWOOL
ALU
Amica

XPS
RAVATH
Ravago
BUILDING
SOLUTIONS
RM™

20-350
PROBAT

Layher

Danksagung

Ich bedanke mich bei unseren Architekten Gerd Landau und Ludwig Kindelbacher sowie bei deren Mitarbeiterinnen und Mitarbeitern, bei Marcus Gruber und seinem Team, bei Frank Teebken, beim Denkmalamt, insbesondere dem Leiter des Bayerischen Landesamtes für Denkmalpflege Herrn Dr. Walther, seinem Mitarbeiter Herrn Herpich und dem Denkmalberater Herrn Dr. Behrer, dem restlichen Planungsteam und den ausgezeichneten ausführenden Firmen für die hervorragende Zusammenarbeit und dafür, dass sie das Haus wieder seiner historischen Bedeutung (im neuen Gewand) zugeführt haben.

Mein besonderer Dank gilt auch unserem Nachbarn, dem Carl Hanser Verlag, für seine kooperative Zusammenarbeit während unseres Bauvorhabens. Auch unseren ersten Büromietern, der TOBIS, seit über 50 Jahren einer der führenden Independent-Filmverleiher, sowie Koller Auktionen München, der Münchner Dependance eines der weltweit bedeutendsten Auktionshäuser mit Hauptsitz in Zürich, die schon Monate vor der endgültigen Fertigstellung ihre Räume bezogen und die Unbequemlichkeiten des mühsamen Restausbaus akzeptierten, gilt mein Dank. Wir freuen uns auf gute gemeinsame Jahre.

Klaus Laminet
München, im November 2022

Unser Dank gilt allen am Umbau beteiligten Firmen und Personen

◊ Alfons Baumann GmbH

◊ A.S.T.

◊ Baumpflege Conrad GmbH

◊ Bayerisches Landesamt für Denkmalpflege

◊ Belfor Deutschland GmbH

◊ BES Brunold Holz und Design Manufaktur GmbH

◊ Bickl OHG

◊ buk Garten- und Landschaftsbau GmbH

◊ Büro für Denkmalpflege – Thomas Hacklberger

◊ bvs Bewertungs- und Verrechnungsstelle der Prüfsachverständigen in Bayern GmbH

◊ Christoph Goldhofer Bauunternehmung Gerüstbau GmbH

◊ Colliers International Deutschland GmbH

◊ danielsen Sanierungsmanagement GmbH

◊ Denkmalpflege Ritt

◊ Dr. Christian Behrer

◊ EEBA

◊ Eldaplan

◊ EL-LI-TO

◊ ENSA W. Schroll + Partner GmbH

◊ e-shelter security GmbH

◊ Fotostudio Black Box

◊ Furtmayr Elektroanlagen GmbH

◊ Gerüstbau A. Schleipfer GmbH

◊ GHB Consult GmbH

◊ Hans Altschuh GmbH

◊ Heinrich Schmid GmbH & Co. KG

◊ IGS GmbH

◊ Immobilienverwaltung Harald Besser

◊ Ingenieurbüro Aster

◊ Ing. Büro für Versorgungstechnik
◊ intergrafik
◊ Ingenieurbüro und Planungsbüro Martin Huber
◊ Ingenieur- und Sachverständigenbüro Dipl.-Ing. (FH) Ulrich von Hehl (VDE)
◊ Josef Dettendorfer GmbH
◊ Jühling & Köppel Landschaftsarchitekten GmbH
◊ Kaminbau & Kaminsanierung Loderer GmbH
◊ Kaminhaus Andreas Haberländer
◊ Kemmlit Bauelemente GmbH
◊ KRT Franke
◊ Kunstschmiede Reiter
◊ Landau + Kindelbacher Architekten- und Innenarchitekten GmbH
◊ Leo Bautenschutz GmbH & Co. KG
◊ MG-Ingenieurbüro München GmbH
◊ Neubauer Restaurierungswerkstätten GmbH
◊ Osman Özel Hausmeisterdienst
◊ Paul Save Malereibetrieb
◊ Pause Oberhauser Stretz RAe PartGmbB
◊ Perschl & Perschl Lichttechnik GmbH & Co. KG
◊ PMG Projektraum Management GmbH
◊ PMI GmbH
◊ Probat Bau AG
◊ Prüfsachverständiger Dipl.-Ing. (FH) Norbert Thiel Architekt BDA
◊ Rankl GmbH
◊ REA GmbH
◊ ReStore GmbH
◊ Riedl Aufzugbau GmbH & Co. KG
◊ Sachverständigenbüro A. Ewald Kreuzer
◊ Sakosta GmbH
◊ Sandstrahlerei W. Bräuer
◊ spc-Aufzug GmbH

◊ Stegmüller Stahl- und Metallbau GmbH
◊ Steinwerkhaus GmbH
◊ Steinwerkstatt Endemann
◊ Stingl GmbH
◊ Teebken Architekten
◊ Thomas Salveter Restaurator
◊ Thomas Wöretshofer GmbH & Co. KG
◊ Traub GmbH & Co. Haustechnik KG
◊ Tropp Lighting Design GmbH
◊ Unger Thermo-Boden GmbH
◊ Uretek Deutschland GmbH
◊ Wania + Baarfuss GmbH & Co. KG
◊ Wilhelm Grundner GmbH
◊ Wimmer GmbH
◊ Wolfgang Lauber
◊ Ziegler Zirngiebl Architekten Sachverständige
◊ Zimmerei Braun Holzbau GmbH & Co. KG
◊ Zimmerei Holzbau Rieger
◊ Zipplinger

Auswahl verwendeter Literatur

Bäumler, Klaus/Karl, Willibald: Vom Montgelas-Garten zum Herzogpark. In: Karl, Willibald (Hg.): Der Herzogpark. Wandlungen eines Zaubergartens. München 2000, S. 9–25.

Bajohr, Frank: Parvenüs und Profiteure. Korruption in der NS-Zeit. Frankfurt am Main 2004.

Bauer, Reinhard: Geschichte einer Stadt. München 1996.

Bauer, Reinhard: Kleine Geschichte Münchens. München 2008.

Bauer, Richard: Geschichte Münchens. Vom Mittelalter bis zur Gegenwart. München 2003.

Bauer, Richard/Brenner, Michael (Hg.): Jüdisches München. Vom Mittelalter bis zur Gegenwart. München 2006.

Bauereiß, Michael/Wehner, Birgitta: „Arisierung". Eine Spurensuche in München. München 2014.

Baumann, Angelika/Heusler, Andreas (Hg.): München arisiert. Entrechtung und Enteignung der Juden in der NS-Zeit. München 2004.

Baumgart, Winfried (Hg.): Friedrich Freiherr Kreß von Kressenstein. Bayerischer General und Orientkenner. Lebenserinnerungen, Tagebücher und Berichte 1914–1946. Paderborn 2020.

Beck, Florian: Leben in München. von der Jahrhundertwende bis 1933. München 1990.

Bernheimer, Ernst: Kunst & Tradition. Meisterwerke bedeutender Provenienzen. München 1989.

Bernheimer, Konrad O.: Narwalzahn und Alte Meister. Aus dem Leben einer Kunsthändlerdynastie (erw. Aufl.). Hamburg 2015.

Bilsky, Emily: Die Kunst- und Antiquitätenfirma Bernheimer. München 2007.

Bosseler & Abeking (Hg.): Begegnungen in München Bogenhausen. München o. J.

Brenner, Michael: Der lange Schatten der Revolution. Juden und Antisemiten in Hitlers München 1918–1923. München 2019.

Bühl, Christa: Bogenhausen. Vom Pfarrdorf zum „Nobelwohnort". In: Vereinigung der Freunde des Instituts Bavaricum (Hg.): Jahresband der Führungen 1988, 1989 und 1990. München 1991, S. 136–151.

Dollinger, Hans: München im 20. Jahrhundert. Eine Chronik der Stadt von 1900 bis 2000. München 2001.

Dollinger, Hans: Die Münchner Straßennamen. München 2016.

Drecoll, Axel: Der Fiskus als Verfolger. Die steuerliche Diskriminierung der Juden in Bayern 1933–1941/42. München 2009.

Ehrenwirth, Franz: Vierzig Jahre Ehrenwirth Verlag. 1945–1985. München 1985.

Flemmer, Walter: Verlage in Bayern. Geschichte und Geschichten. München 1974.

Förster, Christina M.: Der Harnier-Kreis. Widerstand gegen den Nationalsozialismus in Bayern. Paderborn u. a. 1996.

Gans, Angela von: Emma Bonn. 1879–1942. Spurensuche nach einer deutsch-jüdischen Schriftstellerin. München 2021.

Gans, Angela von/Groening, Monika: Die Familia Gans 1350–1963. Ursprung und Schicksal einer wiederentdeckten Gelehrten- und Wirtschaftsdynastie. Heidelberg u. a. 2006.

Gasser, Manuel: München um 1900. München 1981.

Geyer, Martin: Verkehrte Welt. Revolution, Inflation und Moderne, München 1914–1924. München 1998.

Gleibs, Yvonne: Juden im kulturellen und wissenschaftlichen Leben Münchens in der zweiten Hälfte des 19. Jahrhunderts. München 1981.

Gribl, Dorle: Prominenz in Bogenhausen. Villen und ihre berühmten Bewohner. München 2009.

Haerendel, Ulrike: München. „Hauptstadt der Bewegung". München 1993.

Haerendel, Ulrike: Der Schutzlosigkeit preisgegeben. Die Zwangsveräußerung jüdischen Immobilienbesitzes und die Vertreibung der Juden aus ihren Wohnungen. In: Baumann, Angelika/Heusler, Andreas (Hg.): München arisiert. Entrechtung und Enteignung der Juden in der NS-Zeit. München 2004, S. 105 – 126.

Hardegen, Friedrich Detlev: Hingesehen – weggeschaut. Die Novemberpogrome 1938 in Augenzeugenberichten. Berlin 2008.

Heißerer, Dirk: Im Zaubergarten. Thomas Mann in Bayern. München 2005.

Heißerer, Dirk: Wo die Geister wandern. Eine Topographie der Schwabinger Bohème um 1900. München 1993.

Hellwag, Fritz: Das Haus Dr. D. in München von Lucian Bernhard. In: Dekorative Kunst, 29. Jahrgang, S. 25 – 32.

Heusler, Andreas: Verfolgung und Vernichtung (1933–1945). In: Bauer, Richard/Brenner, Michael (Hg.): Jüdisches München. Vom Mittelalter bis zur Gegenwart. München 2006, S. 161 – 184.

Hockerts, Hans Günter: Wiedergutmachung in Deutschland. Eine historische Bilanz 1945–2000). In: VfZ 49,2 (2001), S. 167 – 214.

Holian, Anna: Die Möhlstraße und der Wiederaufbau jüdischen Wirtschaftslebens in Nachkriegsdeutschland. In: Münchner Beiträge zur jüdischen Geschichte und Kultur, Heft 1 (2018), S. 23 – 34.

Hollweck, Ludwig: Was war wann in München. Stadtgeschichte in Jahresporträts. Von der Besiedlung der Münchner Gegend bis 1980 in Stichworten erzählt. München 1982.

Homeyer, Fritz: Deutsche Juden als Bibliophilen und Antiquare. Tübingen 1963.

Karl, Willibald: Bogenhausen, München 2014.

Karl, Willibald: Bogenhausen. Vom bäuerlichen Pfarrdorf zum noblen Stadtteil. München 1992.

Karl, Willibald: Chapter 1. 1944/45: Das letzte Kriegsjahr in Bogenhausen. In: Karl, Willibald/Pohl, Karin (Hg.): Amis in Bogenhausen. München 2015, S. 11 – 28.

Karl, Willibald: Der Herzogpark. Wandlungen eines Zaubergartens, München 2000.

Kasberger, Erich: Hans Wegner und Theodor Koronczyk. Zwei Pole des Täterspektrums. In: Krauss, Marita: Rechte Karrieren in München, S. 230 – 244.

Kauders, Anthony D./Lewinsky, Tamar: Neuanfang mit Zweifeln (1945–1970). In: Bauer, Richard/

Brenner, Michael (Hg.): Jüdisches München. Vom Mittelalter bis zur Gegenwart. München 2006, S. 185–208.

Köstler, Eberhard: Aus der Blütezeit der Schwabinger Bibliophilie. In: Imprimatur. Ein Jahrbuch für Bücherfreunde. Hrsg. von Ute Schneider und der Gesellschaft der Bibliophilen, München NF XXI (2009). S. 259–286 [Online-Version]. https://www.autographen.org/index.php?id=51 [abgerufen am 01.10.2021].

Kramer, Nicole: Kein Sonderfall. Die Firma Sigmund Feuchtwanger. In: Baumann, Angelika/Heusler, Andreas (Hg.): München arisiert. Entrechtung und Enteignung der Juden in der NS-Zeit. München 2004, S. 87–104.

Krauss, Marita: Jüdische Familienschicksale zwischen nationalsozialistischer Machtübernahme und Nachkriegszeit. Das Beispiel der Familien Bernheimer, Feuchtwanger und Rosenfeld. In: Exil 16 (1996), S. 31–45.

Kuller, Christiane: Finanzverwaltung und „Arisierung" in München. In: Baumann, Angelika/Heusler, Andreas (Hg.): München arisiert. Entrechtung und Enteignung der Juden in der NS-Zeit. München 2004, S. 176–197.

Kuller, Christiane: Der Münchner Kunstraub 1938/39. In: Münchner Beiträge zur jüdischen Geschichte und Kultur 8,2 (2014), S. 40–56.

Kuller, Christiane/Schreiber, Maximilian: Das Hildebrandhaus. Eine Münchner Künstlervilla und ihre Bewohner in der Zeit des Nationalsozialismus. München 2006.

Lamm, Hans: Von Juden in München. München 1959.

Large, David Clay: Hitlers München. Aufstieg und Fall der Hauptstadt der Bewegung. Übersetzt von Karl Heinz Siber. München 2018.

Lucius, Wulf D. v.: 100 Jahre Maximilian-Gesellschaft 1911–2011. Hamburg 2011.

Maassen, Carl Georg von: Der grundgescheute Antiquarius. Hrsg. von Carl von Klinkowstroem. Frechen 1966.

Modert, Gerd: Motor der Verfolgung. Zur Rolle der NSDAP bei der Entrechtung und Ausplünderung der Münchner Juden. In: Baumann, Angelika/Heusler, Andreas (Hg.): München arisiert. Entrechtung und Enteignung der Juden in der NS-Zeit. München 2004, S. 145–175.

Metzger, Rainer: München – die große Zeit um 1900. Kunst, Leben und Kultur 1890–1920. München 2010.

Nöhbauer, Hans: München. eine Geschichte der Stadt und ihrer Bürger 2. Von 1854 bis zur Gegenwart. München 1992.

Pfeiffer-Belli, Erich: Hundert Jahre Bernheimer. München 1964.

Pfoertner, Helga: Mit der Geschichte leben. Mahnmale, Gedenkstätten, Erinnerungsorte für die Opfer des Nationalsozialismus in München 1933–1945. Norderstedt 2001.

Plessen, Elisabeth/Mann, Michael (Hg.): Katia Mann. Meine ungeschriebenen Memoiren. Frankfurt 1974.

Pohl, Karin: Bogenhausen.

Prinz, Friedrich: München. Musenstadt mit Hinterhöfen. Die Prinzregentenzeit 1886–1912. München 1988.

Prinz, Friedrich: Trümmerzeit in München. Kultur und Gesellschaft einer deutschen Großstadt im Aufbruch, 1945–1949. München 1984.

Schattenhofer, Michael: München. 1870–1910. München 1999.

Schleusener, Jan: Vom Kunsthändler zum Kaffeebauer. Ausschaltung und Emigration am Beispiel Bernheimer. In: zeitenblicke 3,2 (2004).

Schoenmakers, Christine: The „Legal" Theft of Jewish Assets. The German Gold Discount Bank (Dego). In: Kreutzmüller, Christoph/Zatlin, Jonathan R. (Hg.): dispossession. Plundering German Jewry, 1933–1953. Ann Arbor 2020, S. 71–93.

Schrafstetter, Susanne: Flucht und Versteck. Untergetauchte Juden in München. Verfolgungserfahrung und Nachkriegsalltag. Göttingen 2015.

Selig, Wolfram: „Arisierung" in München. Berlin 2004.

Selig, Wolfram: Aspekte der nationalsozialistischen Machtergreifung in München. Aus der Stadtchronik und anderen Quellen. München 1983.

Selig, Wolfram: Chronik der Stadt München 1945–1948. München 1980.

Selig, Wolfram: Leben unterm Rassenwahn. Vom Antisemitismus in der „Hauptstadt der Bewegung". Berlin 2001.

Stadtarchiv München (Hg.): „… verzogen, unbekannt wohin". Die erste Deportation von Münchner Juden im November 1941. Zürich 2000.

Stahleder, Helmut: Von Allach bis Zamilapark. Namen und historische Grunddaten zur Geschichte Münchens und seiner eingemeindeten Vororte. München 2001.

Steinke, Melida: „Sonderfall Bernheimer"? Die Enteignung des Privatbesitzes und die Übernahme der L. Bernheimer KG durch die Münchner Kunsthandels- Gesellschaft/Kameradschaft der Künstler München e. V. München 2015. Masterarbeit, Online-Version unter https://epub.ub.uni-muenchen.de/27234/1/Steinke_Melida_Sonderfall_Bernheimer_MA.pdf [abgerufen am 03.10.2021].

Stölzl, Christoph: Die Zwanziger Jahre in München. Katalog zur Ausstellung im Münchner Stadtmuseum Mai bis September 1979. München 1979.

Troelenberg, Eva-Maria: Hoflieferanten und Avantgardisten. Die Kunsthandlungen Bernheimer und Thannhauser auf der Ausstellung „Meisterwerke muhammedanischer Kunst" München 1910. In: Münchner Beiträge zur jüdischen Geschichte und Kultur 2012, Heft 2, S. 62–79.

Wanninger, Susanne: München im 20. Jahrhundert. München 2012.

Weber, Fritz: Vor dem großen Krach. Österreichs Bankwesen der Zwischenkriegszeit am Beispiel der Credit-Anstalt für Handel und Gewerbe. Wien 2016.

Wilhelm, Hermann: Die Münchner Bohème. Von der Jahrhundertwende bis zum Ersten Weltkrieg. München 1993.

Winstel, Tobias: Verhandelte Gerechtigkeit. Rückerstattung und Entschädigung für jüdische NS-Opfer in Bayern und Westdeutschland. München 2006.

Winstel, Tobias: Verordnete „Ehrenpflicht“. Wiedergutmachung für jüdische NS-Opfer. In: Baumann, Angelika/Heusler, Andreas (Hg.): München arisiert. Entrechtung und Enteignung der Juden in der NS-Zeit. München 2004, S. 218–236.

Wittmann, Reinhard: Geschichte des deutschen Buchhandels. München 1991.

Wittmann, Reinhard: Hundert Jahre Buchkultur in München. München 1993.

Yad Vashem. Internationale Holocaust Gedenkstätte: Die letzten Überlebenden (She'erit Hapletah). In: yadvashem.de. https://www.yadvashem.org/de/holocaust/about/end-of-war-aftermath/liberation.html [abgerufen am 2. März 2022].

Auswahl gedruckter Quellen

Bernheimer, Ernst: Familien- und Geschäftschronik der Firma L. Bernheimer K.-G. München 1950.

Bernheimer, Ernst: Unter der Hitlerregierung. In: Tradition. Zeitschrift für Firmengeschichte und Unternehmerbiographie 3,4 (1958), S. 207–211.

Bernheimer, Otto: Aus den „Erinnerungen eines alten Münchners“. In: Tradition. Zeitschrift für Firmengeschichte und Unternehmerbiographie 3,4 (1958), S. 212–214.

Bernheimer, Otto: Kunde Göring. In: Lamm, Hans (Hg.): Von Juden in München. Ein Gedenkbuch. München 1958, S. 351–353.

Familien- und Geschäftschronik der Firma L. Bernheimer K.-G.

Stobbe, Horst: Die Gesellschaft der Münchner Bücherfreunde 1919–1931. Aus unveröffentlichten Erinnerungen. In: Imprimatur NF VII (1972), S. 45–72.

Auswahl Archivbestände

Archiv der Max-Planck-Gesellschaft
Deutsches Literaturarchiv Marbach
Archiv der Deutschen Bank AG
Generallandesarchiv Karlsruhe
Kölsch-Fölzer-Werke AG
Stadtarchiv München
Staatsarchiv München
Monacensia

Bildnachweis

Archiv der Max-Planck-Gesellschaft: S. 118 Abb. 2
Bayerisches Wirtschaftsarchiv: S. 125 Abb. 2, S. 128/129, S. 134
Bernheimer, Konrad: S. 125 Abb. 1, S. 147, S. 151, S. 155 Abb. 1
Bestand Autorin: S. 23 Abb. 1, S. 23 Abb. 2, S. 47, S. 67 Abb. 2, S. 67 Abb. 3, S. 67 Abb. 4, S. 79, S. 132, S. 155 Abb. 2, S. 183, S. 195
BR/Historisches Archiv: S. 167
Buchner, Carina: S. 39, S. 41 Abb. 1, S. 41 Abb. 2, S. 43, S. 48/49, S. 50/51, S. 52/53, S. 54, S. 55 Abb. 2, S. 55 Abb. 3, S. 55 Abb. 4, S. 56 Abb. 1, S. 56 Abb. 2, S. 57 Abb. 3, S. 57 Abb. 4, S. 58 Abb. 1, S. 58 Abb. 2, S. 59 Abb. 3, S. 60/61, S. 62/63, S. 64/65, S. 92/93, S. 96 Abb. 1, S. 96 Abb. 2, S. 97 Abb. 3, S. 98 Abb. 1, S. 98 Abb. 2, S. 99 Abb. 3, S. 99 Abb. 4, S. 99 Abb. 5, S. 100 Abb. 1, S. 100 Abb. 2, S. 101 Abb. 3, S. 101 Abb. 4, S. 102/103, S. 104/105, S. 106 Abb. 1, S. 107 Abb. 2, S. 107 Abb. 3, S. 112, S. 113, S. 119 Abb. 3
Deutsches Museum München: S. 81 Abb. 3 (PT 11742)
Ehrenwirth, Martin: S. 164/165, S. 170/171, S. 173 Abb. 1, S. 173 Abb. 2, S. 173 Abb. 3, S. 175 Abb. 2, S. 177 Abb. 1, S. 177 Abb. 2, S. 177 Abb. 3, S. 181, S. 184
Fotostudio Black BOX/Tommy Lösch: S. 192/193, S. 196/197, S. 198/199, S. 200/201, S. 202/203, S. 204/205, S. 206/207, S. 208/209, S. 210/211, S. 212/213, S. 214/215, S. 216/217, S. 218/219, S. 220/221, S. 222/223, S. 224/225, S. 226/227, S. 228/229, S. 230/231, S. 232/233
Monacensia: S. 162 Abb. 2
Münchner Stadtmuseum: S. 44 Abb. 1 (FM-2012/200.2841), 68/69 (PS-PK0027), S. 82/83 (G-63/15445), S. 133 (P-70/56.2)
Staatsarchiv München: S. 127 (StAM_1721 FinA_16846), S. 138 (StAM_1721 FinA_16846), S. 139 (StAM_1721 Oberfinanzdirektion_1223)
Stadtarchiv München: S. 16/17 (DE-1992-FS-NL-PETT1-1108), S. 24/25 (C1903131), S. 26/27 (DE-1992-FS-PK-STR-02751), S. 28 Abb. 1 (DE-1992-FS-NL-PETT1-2441), S. 76/77 (DE-1992-FS-PK-STB-13474), S. 130/131 (DE-1992-FS-NL-PETT1-1975), S. 137 Abb. 1 (DE-1992-PL-16266), S. 137 Abb. 2 (FS-NL-EMM-02-02), S. 141 Abb. 1 (DE-1992-FS-NS-00094), S. 141 Abb. 2 (DE-1992-FS-NS-00191), S. 153 Abb. 1 (DE-1992-FS-WKII-STR-2345), S. 153 Abb. 2 (DE-1992-FS-WKII-STR-3995)
Wikimedia Commons: S.12/13, S. 15 Abb. 1, S. 15 Abb. 2, S. 19 Abb. 1, S. 19 Abb. 2, S. 20/21, S. 30/31, S. 32 Abb. 1, S. 32 Abb. 2, S. 32 Abb. 3, S. 33 Abb. 4, S. 33 Abb. 5, S. 67 Abb. 1, S. 72/73, S. 75 Abb. 1, S. 75 Abb. 2, S. 81 Abb. 1, S. 81 Abb. 2, S. 88/89, S. 118 Abb. 1, S. 123 Abb. 1, S. 123 Abb. 2, S. 162 Abb. 1, S. 169 Abb. 1

Trotz intensiver Recherchen war es nicht in allen Fällen möglich, die Rechteinhaber von Abbildungen ausfindig zu machen. Berechtigte Ansprüche werden selbstverständlich im Rahmen der üblichen Vereinbarungen abgegolten. Wenden Sie sich hierzu bitte an den Carl Hanser Verlag.